D1702923

Markus Walluschnig

Produktlebenszyklus und Bestandsmanagement in der Halbleiterindustrie

Eine Analyse spezifischer Halbleiterprodukte

Diplomica Verlag GmbH

Walluschnig, Markus: Produktlebenszyklus und Bestandsmanagement in der Halbleiterindustrie: Eine Analyse spezifischer Halbleiterprodukte, Hamburg, Diplomica Verlag GmbH 2013

Buch-ISBN: 978-3-8428-9606-2
PDF-eBook-ISBN: 978-3-8428-4606-7
Druck/Herstellung: Diplomica® Verlag GmbH, Hamburg, 2013

Bibliografische Information der Deutschen Nationalbibliothek:
Die Deutsche Nationalbibliothek verzeichnet diese Publikation in der Deutschen Nationalbibliografie; detaillierte bibliografische Daten sind im Internet über http://dnb.d-nb.de abrufbar.

Das Werk einschließlich aller seiner Teile ist urheberrechtlich geschützt. Jede Verwertung außerhalb der Grenzen des Urheberrechtsgesetzes ist ohne Zustimmung des Verlages unzulässig und strafbar. Dies gilt insbesondere für Vervielfältigungen, Übersetzungen, Mikroverfilmungen und die Einspeicherung und Bearbeitung in elektronischen Systemen.

Die Wiedergabe von Gebrauchsnamen, Handelsnamen, Warenbezeichnungen usw. in diesem Werk berechtigt auch ohne besondere Kennzeichnung nicht zu der Annahme, dass solche Namen im Sinne der Warenzeichen- und Markenschutz-Gesetzgebung als frei zu betrachten wären und daher von jedermann benutzt werden dürften.

Die Informationen in diesem Werk wurden mit Sorgfalt erarbeitet. Dennoch können Fehler nicht vollständig ausgeschlossen werden und die Diplomica Verlag GmbH, die Autoren oder Übersetzer übernehmen keine juristische Verantwortung oder irgendeine Haftung für evtl. verbliebene fehlerhafte Angaben und deren Folgen.

Alle Rechte vorbehalten

© Diplomica Verlag GmbH
Hermannstal 119k, 22119 Hamburg
http://www.diplomica-verlag.de, Hamburg 2013
Printed in Germany

Danksagung

Ein berufsbegleitendes Studium stellt eine besondere Herausforderung für jeden Studenten dar. Persönliches Engagement, Zielstrebigkeit und die Bereitschaft sich ständig aufs Neue dieser Herausforderung zu stellen, werden jedoch durch die persönliche Weiterentwicklung und die vielen, während dieser Zeit gesammelten, Erfahrungen entlohnt. Ich möchte mich auf diesem Wege bei all jenen bedanken, welche mich beim erfolgreichen Abschluss des Studiums und vor allem bei der Erstellung dieser Arbeit unterstützt haben.

Ein besonderer Dank gilt meinen Eltern, Ismeta und Willi Walluschnig, welche mich während meiner gesamten Ausbildung unterstützten und mir den nötigen Rückhalt zur Erreichung meiner Ziele gaben. Ohne den entsprechenden Rückhalt im Familien- und Freundeskreis wäre ein solches Studium nicht zu bewältigen.

Ich möchte mich ebenfalls bei meinem Betreuer Mag. Wolfgang Leitner für die Betreuung dieser Studie seitens der Fachhochschule Kärnten und bei meinen Mentoren Frau Lisa Forstner, Diplôme d'Ingénieur EPF M.Eng. und Herrn Hans Ehm, M.Sc. für die Betreuung seitens der Firma Infineon Technologies AG bedanken. Des Weiteren möchte ich mich bei Frau Anja Zernig, Bakk. techn. bedanken, welche mich besonders im statistischen Teil dieser Studie unterstützt hat und mir regelmäßig die Möglichkeit zur Reflexion meiner Ideen gegeben hat.

Zusammenfassung

Das Ziel dieser Studie liegt in der Untersuchung des Produktlebenszyklus in der Halbleiterindustrie anhand der Analyse spezifischer Produkte dieser Branche und der daraus resultierenden Ableitung von allgemeinen Handlungsempfehlungen hinsichtlich des Bestandsmanagements.

Die Studie baut dabei auf drei Säulen auf. Zunächst wird eine Literaturrecherche bezüglich der Themengebiete Produktlebenszyklus und Bestandsmanagement durchgeführt. Säule Nummer zwei bilden Experteninterviews mit erfahrenen Mitarbeitern unterschiedlicher Unternehmensbereiche eines europäischen Halbleiterherstellers, um die genannten Themengebiete aus unterschiedlichen Sichtweisen zu beleuchten. Abgerundet wird der Aufbau der Studie durch eine Analyse spezifischer Produkte und Produktfamilien aufeinanderfolgender Produktgenerationen dieses europäischen Halbleiterherstellers.

Die eingehende Beschäftigung mit den Themengebieten lieferte folgende Resultate. Zunächst lässt sich auf der Ebene des einzelnen Produktes nur bedingt eine Prognose des möglichen Produktlebenszyklusverlaufes und somit auch der optimalen Bestandsstrategie erstellen. Viel eher lässt sich eine solche Aussage auf einem höheren Betrachtungsniveau wie beispielsweise der Produktfamilie treffen. Hier kann jedoch nicht von einem allgemeingültigen Zyklusverlauf, wie beispielsweise einer Gaußschen Normalverteilung, ausgegangen werden, sondern wirken unterschiedlichste interne und externe Einflussfaktoren während des Lebenszyklus auf dessen Verlauf ein und manipulieren diesen. Diese Einflussfaktoren zu identifizieren und entsprechend in die Produktlebenszyklusprognose zu integrieren stellt eine besondere Herausforderung an die in diesem Prozess Beteiligten dar. In Hinblick auf das Bestandsmanagement bedeutet dies, dass in weiterer Folge nicht nur eine für jede einzelne Phase des Zyklus optimierte Bestandsstrategie erarbeitet werden muss, sondern auch ein spezifisch adaptiertes Bestandsmanagement für die jeweilige Gruppe benötigt wird.

Schlüsselwörter:

Produktlebenszyklus, Bestandsmanagement, Halbleiterindustrie, Normalverteilung, interne und externe Einflussfaktoren

Abstract

The purpose of this paper is the investigation of the product life cycle in the semiconductor industry based on the analysis of specific products of this industry and the constitutive deduction of general recommendations regarding inventory management.

The method builds on three pillars. First, a literature review was performed on the topics product life cycle and inventory management. Pillar number two consists of expert interviews held with several senior employees of different departments of a European semiconductor manufacturer in order to shed light on the above topics from different perspectives. Pillar number three is an analysis of specific products and product families of sequent product generations of the mentioned European semiconductor manufacturer.

The in-depth study of the subject areas led to the following results. First of all, the possibilities to predict the probable product life cycle of a single product and so also of the required inventory strategy are very limited. Such a prediction could be given much more on a higher aggregation level such as the product family, for example. Also on this level there is no universal product life cycle curve which fits to all products. The product life cycle of every single product is influenced by varying internal and external influencing factors. The identification and prediction of these parameters poses a notably challenge to every involved party in this process. In terms of inventory management this means that subsequently not only for every single stage of the product life cycle a specific inventory strategy has to be set up but also a specific strategy for every single product group.

Keywords:

Product life cycle, inventory management, semiconductor industry, normal distribution, internal and external parameters

Inhaltsverzeichnis

Danksagung 5

Zusammenfassung 6

Abstract 7

Abbildungsverzeichnis 12

Tabellenverzeichnis 13

Abkürzungsverzeichnis 14

1. Einleitung 15

   1.1   Problemstellung 15

   1.2   Forschungsfrage und Zielsetzung der Studie 16

   1.3   Eingrenzung der Studie 16

   1.4   Vorgehensweise und Aufbau der Studie 16

   1.5   Methodik 18

      1.5.1   Fachtheoretischer Teil 18

      1.5.2   Empirischer Teil 18

2. Produktlebenszyklus und Bestandsmanagement im fachtheoretischen Diskurs 19

   2.1   Modell des Produktlebenszyklus 19

      2.1.1   Produktlebenszyklus Grundmodell nach Theodore Levitt 19

           2.1.1.1   Phase 1 – Die Einführung 21

           2.1.1.2   Phase 2 – Wachstum 22

           2.1.1.3   Phase 3 – Reife 23

           2.1.1.4   Phase 4 – Rückgang 24

      2.1.2   Varianten des Konzeptes nach Levitt 25

      2.1.3   Produktlebenszyklus elektronischer Bauelemente 26

      2.1.4   Portfolioanalyse – Der Produktlebenszyklus aus der Perspektive des Marktes 31

   2.2   Kritik am Produktlebenszyklus-Modell 35

   2.3   Einflussfaktoren auf den Produktlebenszyklus 37

- 2.4 Aggregationsniveau der Betrachtung des Produktlebenszyklus 39
- 2.5 Analyse und Vorhersage des Produktlebenszyklus 39
  - 2.5.1 Produktlebenszyklusanalyse 40
  - 2.5.2 Lebenszyklus Vorhersageprognose für elektronische Bauelemente nach Solomon/Sandborn/Pecht 40
  - 2.5.3 Chartanalyse 45
  - 2.5.4 Regressionsanalyse – Modellvalidierung 45
  - 2.5.5 Brockhoff-Funktion 46
  - 2.5.6 Kolmogorov-Smirnov-Test (K-S-Test) 47
  - 2.5.7 Quantil-Quantil-Plot 48
  - 2.5.8 Ermittlung des Bestimmtheitsmaßes 49
  - 2.5.9 Vorhersage des weiteren Verlaufes des Produktlebenszyklus 50
- 2.6 Berücksichtigung der Produktlebenszyklustheorie im Bestandsmanagement 52
  - 2.6.1 Aufgaben und Ziele des Bestandsmanagements 52
  - 2.6.2 Bedarfs- und Bestandsplanung als Schlüsselelemente für das Bestandsmanagement 55
  - 2.6.3 Besondere Herausforderungen des Bestandsmanagement eines Halbleiterherstellers 56
  - 2.6.4 Rückschlüsse aus dem Produktlebenszykluskonzept für das Bestandsmanagement 59
- 2.7 Zusammenfassung theoretischer Teil 61

3. Experteninterviews 63
- 3.1 Interviewpartner 63
- 3.2 Analyse der Ergebnisse 64
- 3.3 Zusammenfassung Experteninterviews 69

4. Analyse ausgewählter Produkte der Firma Infineon Technologies AG 70
- 4.1 Das Unternehmen – Die Infineon Technologies AG 70
- 4.2 Aufbau der Supply Chain der Infineon Technologies AG 71
- 4.3 Der Planungsprozess der Infineon Technologies AG 74

4.4 Das Produktlebenszyklus Modell der Infineon Technologies AG 77

4.5 Analyse des Produktlebenszyklus ausgewählter Produkte 78

    4.5.1 Eingrenzung der zu analysierenden Produkte 78

    4.5.2 Bestimmung der Datenbasis 79

    4.5.3 Analyse der Hauptfamilie-1/Produktfamilie 30V 80

    4.5.4 Analyse der Hauptfamilie-2/Produktfamilie 30V 86

    4.5.5 Summenbetrachtung Hauptfamilie-1 bis -3 91

4.6 Zusammenfassung der Datenanalyse 95

5. Standortbestimmung innerhalb des Produktlebenszyklus und abgeleitete Handlungsempfehlungen für das Bestandsmanagement 98

5.1 Die Standortbestimmung innerhalb des Produktlebenszyklus 98

5.2 Abgeleitete Handlungsempfehlungen für das Bestandsmanagement 100

6. Kritische Würdigung 103

6.1 Resümee 103

6.2 Ausblick 104

Literaturverzeichnis 107

Anhang 111

Abbildungsverzeichnis

Abbildung 1:   Der 4-stufige Produktlebenszyklus nach Levitt 20

Abbildung 2:   Standardisierte Produktlebenszykluskurve elektronischer Bauelemente ... 28

Abbildung 3:   Portfoliomatrix nach der Boston Consulting Group 32

Abbildung 4:   BCG Kategorien im Verlauf des Produktlebenszyklus 33

Abbildung 5:   Marktattraktivitäts-Geschäftsfeldstärken-Portfolio nach McKinsey 34

Abbildung 6:   Lebenszyklus Vorhersageprognose für elektronische Bauelemente nach Solomon/Sandborn/Pecht 42

Abbildung 7:   Beispielhafte Darstellung eines Quantil-Quantil-Plots 49

Abbildung 8:   Beispiel für die SOLL/IST-Lebenszyklusanalyse 52

Abbildung 9:   Durch Bestände verdeckte Probleme 54

Abbildung 10: Geschäftsbereiche und Produkte von Infineon 71

Abbildung 11: Schematische Darstellung der Produktion Supply Chain bei Infineon 72

Abbildung 12: Produktsegmentierung und Produktionsstrategie bei Infineon 74

Abbildung 13: Schematische Darstellung des Planungszyklus bei Infineon 75

Abbildung 14: Haupt-Produktgranularitäten und Produkt-Hierarchien bei Infineon 76

Abbildung 15: Hierarchieebenen der Datenbasis 79

Abbildung 16: Verkaufte Stückzahlen pro Quartal für Hauptfamilie-1_30V 81

Abbildung 17: Quantil-Quantil-Plot für die Hauptfamilie-1_30V (Basis Quartale) 83

Abbildung 18: Ermittlung des Bestimmtheitsmaßes für die Hauptfamilie-1_30V 84

Abbildung 19: Entwicklung von Stückzahlen und Preis der Hauptfamilie-2_30V 86

Abbildung 20: Quantil-Quantil-Plot für die Hauptfamilie-2_30V (Basis Quartale) 88

Abbildung 21: Ermittlung des Bestimmtheitsmaßes für die Hauptfamilie-2_30V 89

Abbildung 22: Phaseneinteilung des Hauptfamilie-1_30V PLZ 90

Abbildung 23: Summenbetrachtung der PLZ-Kurve von HF-1, HF-2 und HF-3 92

Abbildung 24: Summenbetrachtung HF-1, -2 und -3 über den Zeitverlauf 94

Abbildung 25: Bestimmung der aktuellen Phase des Produktlebenszyklus (I) 99

Abbildung 26: Bestimmung der aktuellen Phase des Produktlebenszyklus (II) 100

Tabellenverzeichnis

Tabelle 1: Übersicht verschiedener Produktlebenszyklusmodelle 25

Tabelle 2: Typische Charakteristika der einzelnen Lebenszyklusphasen elektronischer Bauelemente 30

Tabelle 3: Kausales, zufälliges oder chaotisches Verhalten möglicher PLZ-Einflussfaktoren 38

Tabelle 4: Klassifizierung des Bestimmtheitsmaßes 50

Tabelle 5: Verwendung der Produktgranularitäten in den Planungsebenen 76

Tabelle 6: Meilensteinplan der Infineon Technologies AG 77

Tabelle 7: Bestimmtheitsmaß für die Einzelprodukte der HF-1_30V 82

Abkürzungsverzeichnis

ADL	Arthur Dehon Little
ASSP	Application Specific Standard Product
BCG	Boston Consulting Group
BE	Back End
CSP	Customer Specific Product
DB	Die Bank
DC	Distribution Center
DRAM	Dynamic Access Random Memory
EDO	Extended Data Output
EIA	Electronic Industries Association
EOL	End Of Life
ETO	Engineer To Order
FE	Front End
HF	Hauptfamilie
IC	Integrated Circuit (Integrierter Schaltkreis)
LDD	Last Delivery Date
LOD	Last Order Date
MTO	Make To Order
MTS	Make To Stock
PF	Produktfamilie
PLZ	Produktlebenszyklus
$R_{DS(on)}$	auch: RDSON, Einschaltwiderstand eines Feldeffekttransistors
SOP	Small-Outline Package
TTL	Transistor-Transistor-Logik
VRFC	Volume Rolling Forecast
WIP	Work In Process

1 Einleitung

1.1 Problemstellung

Die Erzeugnisse der Halbleiterindustrie finden Verwendung in den unterschiedlichsten Produkten. Kaum ein elektronisches Gerät kommt heute ohne Bauelemente der Halbleiterindustrie aus. Der rasante Fortschritt der technologischen Möglichkeiten und Entwicklungen stellt somit besondere Anforderungen an diese Zulieferindustrie. Wie in jeder anderen produzierenden Industrie binden Bestände, sei es auf Level des Grundmaterials, der Bestände entlang der Produktionskette – dem sogenannten Work In Process (WIP), oder auf dem Level der halbfertigen und fertigen Erzeugnisse auf den unterschiedlichsten Lägern, einen hohen Teil des Kapitals eines Halbleiterherstellers. Optimales Bestandsmanagement kann somit einen deutlichen Wettbewerbsvorteil bedeuten.

Hier stellt sich nun jedoch die Frage was unter optimalem Bestandsmanagement zu verstehen ist und an welchen Daten man sich dabei orientieren kann. Der Produktlebenszyklus der jeweiligen Produkte könnte hierbei eine Orientierungshilfe bei der Beantwortung dieser Fragen darstellen.

Mit Hilfe des Produktlebenszyklus können die unterschiedlichen Reifegrade von Produkten analysiert werden. Das Konzept des Produktlebenszyklus geht davon aus, dass alle Produkte während ihrer Lebensdauer mehrere Phasen unterschiedlichster Charakteristik durchlaufen. Die Hauptphasen des Produktlebenszyklus sind dabei Einführung, Wachstum, Reife und Rückgang.[1] Jede dieser Phasen des Produktlebenszyklus stellt jedoch andere Anforderungen an die Bestandshöhen eines Halbleiterproduzenten. Dies bedeutet, dass die Unternehmen der Halbleiterindustrie das Bestandsmanagement auf die jeweiligen Lebenszyklusphasen ihrer Produkte abstimmen müssen. Um jedoch die aktuell optimale Strategie hinsichtlich des Bestandsmanagements wählen zu können, muss das Supply Chain Management als unternehmensinterner Entscheidungsträger aber auch bestimmen können, an welchem Punkt einer bestimmten Phase und, viel grundsätzlicher, in welcher Phase überhaupt sich ein bestimmtes Produkt, eine Produkttechnologie oder dergleichen gerade befindet.

Im Rahmen dieser Untersuchung sollen insbesondere der Produktlebenszyklus von bestimmten Produkten der Halbleiterindustrie und die betrieblichen Handlungsmöglichkeiten in Hinblick auf das gesamte Bestandsmanagement entlang der Supply Chain erörtert werden.

---

[1] Vgl. Levitt (1965), S. 81.

1.2 Forschungsfrage und Zielsetzung der Studie

Aufgrund der beschriebenen Problemstellung werden folgende Forschungsfragen formuliert:

„Welcher Produktlebenszyklus lässt sich für spezifische Halbleiterprodukte nachweisen bzw. lassen sich Bestimmungspunkte zur Bestimmung der jeweiligen Produktlebenszyklusphase festlegen?"

„Welchen Einfluss hat die jeweils festgestellte Produktlebenszyklusphase auf die Bestandshöhen eines Halbleiterherstellers?"

Aufbauend auf die Forschungsfrage ergibt sich das folgende Forschungsziel:

„Erarbeiten von Kriterien, anhand derer sich die aktuelle Phase des Produktlebenszyklus für ein ausgewähltes Produkt bestimmen lässt."

„Ableiten von Handlungsempfehlungen hinsichtlich des Bestandsmanagements in der jeweiligen Phase des Produktlebenszyklus".

1.3 Eingrenzung der Studie

Die Studie verfolgt das Ziel Kriterien, anhand derer sich die aktuelle Phase des Produktlebenszyklus eines bestimmten Produktes bestimmen lässt und daraus abgeleitet, Handlungsempfehlungen hinsichtlich des Bestandsmanagements in der jeweiligen Phase, zu bestimmen. Der Fokus liegt somit auf der Determinierung des Produktlebenszyklus ausgewählter Produktgruppen und der Standortbestimmung innerhalb des Lebenszyklus.

Nicht Gegenstand dieser Studie sind eine Erhebung der Produktlebenszyklen aller Produkte des Unternehmens bzw. dieser Branche oder eine umfassende Aufbereitung des Themas Bestandsmanagement mit einer Ableitung möglicher Konzepte für ein ebensolches. Somit bleibt diese Untersuchung auf definierte Produktgruppen eines Halbleiterherstellers begrenzt. Da das ausgewählte Unternehmen jedoch international tätig ist, setzen sich die herangezogenen Daten aus Informationen aller Regionen zusammen, in welchen das Unternehmen operativ tätig ist.

1.4 Vorgehensweise und Aufbau der Studie

Die Studie teilt sich grundsätzlich in zwei große Teilbereiche. Der erste Teilbereich ist als analytische Literaturstudie konzipiert, welche die Themengebiete Produktlebenszyklus und Bestandsmanagement aus theoretischer Sicht beleuchtet. Der zweite Teilbereich ergänzt die Literaturstudie durch Experteninterviews und eine Analyse von firmeninternen Absatzzahlen der Firma Infineon Technologies AG. Abschließend wird eine Handlungsempfehlung zur Einordnung jeweiliger Produkte in ihren Produktlebenszyklus und damit verbundene Rückschlüsse auf etwaige Bestandshöhen erarbeitet.

Das erste Kapitel, welches als Einleitung dienen soll, enthält eine Darstellung der Problemstellung mit dem Ziel, die Notwendigkeit den Produktlebenszyklus seiner Produkte in Hinblick auf mehrere Aspekte, im Speziellen jedoch das optimale Bestandsmanagement, zu kennen. In diesem Kapitel werden zudem die aus der Problemstellung abgeleiteten Forschungsfragen und das Forschungsziel der Studie vorgestellt. Darüber hinaus wird die Gliederung der Studie beschrieben.

Kapitel zwei beleuchtet den wissenschaftlichen und fachtheoretischen Hintergrund dieser Thematik. Dieses Kapitel beschäftigt sich mit der Definition des Produktlebenszyklus und weiterer Begriffe in diesem Zusammenhang, der Einflussfaktoren auf den Produktlebenszyklus und unterschiedlicher Methoden zur Analyse des Gesamtverlaufes und Determinierung der aktuellen Zyklusphase. Mögliche Rückschlüsse des Produktlebenszyklus auf optimales Bestandsmanagement sollen in diesem Kapitel ebenfalls gezogen werden.

Kapitel drei widmet sich den Experteninterviews welche mit unterschiedlichen Mitarbeitern der Firma Infineon Technologies AG geführt wurden. In diesem Kapitel soll der aktuelle firmeninterne Zugang zu den Themen Produktlebenszyklus und Bestandsmanagement erörtert werden und bereits erste Indikatoren für die Analyse der vorliegenden firmeninternen Daten abgeleitet werden.

In Kapitel vier findet die Analyse der vorliegenden Absatzzahlen samt vorbereitenden und abschließenden Schritten statt. Besonderer Fokus liegt dabei auf den Ergebnissen der Analyse und somit den Produktlebenszyklen der untersuchten Produkte.

Kriterien zur Bestimmung des Produktlebenszyklus einer definierten Produktgruppe sowie Handlungsempfehlungen für ein aus dem Produktlebenszyklus abgeleitetes Bestandsmanagement werden im Kapitel fünf formuliert. Die Handlungsempfehlungen sind das Ergebnis der vorhergehenden Literaturstudie, der Experteninterviews sowie der Analyse der firmeninternen Produktlebenszyklen definierter Produktgruppen.

Das sechste und abschließende Kapitel dient der Zusammenfassung der Ergebnisse der Studie. Es wird noch einmal auf die Grenzen der Studie hingewiesen und darauf aufbauend weiterer Forschungsbedarf aufgezeigt.

1.5 Methodik

Wie zuvor beschrieben, besteht die Studie aus einem theoretischen und einem praktischen Teil. Die jeweils zur Anwendung kommenden Methoden der empirischen Sozialforschung werden in diesem Abschnitt beschrieben.

1.5.1 Fachtheoretischer Teil

Im fachtheoretischen Teil der Studie wird anhand einer Literaturstudie der derzeitige Stand der Wissenschaft und Forschung auf dem Gebiet Produktlebenszyklus und dessen Analyse dargestellt.

1.5.2 Empirischer Teil

Der empirische Teil dieser Studie teilt sich grundsätzlich in zwei Bereiche auf. Teil eins bilden Experteninterviews mit erfahrenen Mitarbeitern aus unterschiedlichen Abteilungen der Firma Infineon Technologies AG und Teil zwei befasst sich mit der Analyse von firmeninternem Datenmaterial, welches vom Unternehmen zur Verfügung gestellt wurde.

Experteninterview

Anhand der Experteninterviews soll festgestellt werden inwiefern eine Berücksichtigung des Produktlebenszyklus bereits Anwendung findet. Des Weiteren dient dieser Teil zur Vorbereitung auf den zweiten praktischen Teil – die Analyse von vorhandenen firmeninternen Daten. So soll zum Beispiel erhoben werden wie ein Produkt firmenintern definiert werden kann, wie unterschiedliche Abteilungen die Wichtigkeit des Produktlebenszyklus einstufen und welche aktuellen Strategien bzw. Konzepte bereits an den Produktlebenszyklus anknüpfen.

Analyse von firmeninternem Datenmaterial

Nach Festlegung des Aggregationslevels und der zu untersuchenden Produktgruppen werden die Absatzzahlen von Produkten anonymisiert untersucht, welche laut firmeninterner Definition ihren Produktlebenszyklus bereits abgeschlossen haben. Dem sollen sich noch aktiv im Lebenszyklus befindende Produkte gegenübergestellt werden.

Anhand dieser Analyse soll festgestellt werden, ob sich der Lebenszyklus dieser Produkte entsprechend eines bestimmten Musters entwickelt hat bzw. ob unterschiedliche Produktgruppen unterschiedliche Produktlebenszyklen aufweisen.

2 Produktlebenszyklus und Bestandsmanagement im fachtheoretischen Diskurs

Das folgende Kapitel soll einen Überblick über den aktuellen Stand der Literatur und der fachtheoretischen Betrachtungsweise des Produktlebenszyklus, der unterschiedlichen Basismodelle und den daraus resultierenden Rückschlüssen auf das Bestandsmanagement geben.

2.1 Modell des Produktlebenszyklus

Das Konzept des Produktlebenszyklus wurde vor allem im Zeitraum beginnend in den 1960er Jahren bis in etwa die zweite Hälfte der 1980er Jahre eingehend diskutiert. Aufbauend auf dem Grundmodell nach Theodore Levitt griffen verschiedenste Autoren dieses Konzept auf und diskutierten Vor- und Nachteile des Modells.

2.1.1 Produktlebenszyklus Grundmodell nach Theodore Levitt

Theodore Levitt begründete 1965 das Produktlebenszyklus Grundmodell und machte es einem breiteren Publikum bekannt. Die Kernaussage dieser Theorie lautet, dass ein jedes Produkt eine gewisse Lebensdauer aufweist und während dieser verschiedene Lebenszyklusphasen durchläuft, nämlich die Phasen (Markt-) Einführung, Wachstum, Reife und Rückgang.[2] Die folgende Abbildung 1 verdeutlicht den Verlauf der Absatzkurve während der einzelnen Phasen welche in nachfolgend beschriebener Reihenfolge durchwandert werden.

---

[2] Vgl. Levitt (1965), S. 81.

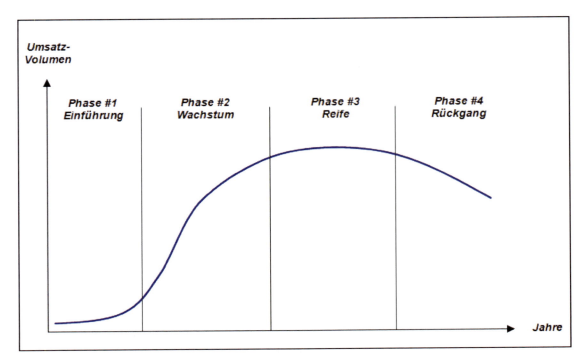

Abbildung 1: Der 4-stufige Produktlebenszyklus nach Levitt[3]

Phase 1 – Die Markteinführung

Bei der Markteinführung wird ein neues Produkt das erste Mal auf einen Markt gebracht, noch bevor eine gesicherte Nachfrage danach besteht, und oft, noch bevor es technisch in jeder Hinsicht ausgereift ist. Der Absatz ist sehr niedrig und entwickelt sich auch nur sehr langsam.[4]

Phase 2 – Die Wachstums-Phase

Die Nachfrage nimmt stark zu und auch die Größe des Gesamtmarktes expandiert sehr schnell. Diese Phase könnte auch als „Take-Off" Phase bezeichnet werden.[5]

Phase 3 – Die Reife-Phase

Die Nachfrage pendelt sich ein und wächst, für die meisten Produkte, nur mehr auf dem Level des Bevölkerungswachstums.[6]

---

[3] Quelle: eigene Darstellung, in Anlehnung an Levitt (1965), S. 81.
[4] Vgl. Levitt (1965), S. 81.
[5] Vgl. Levitt (1965), S. 81.
[6] Vgl. Levitt (1965), S. 81.

Phase 4 – Der Rückgang

Das Produkt beginnt aus Sicht der Konsumenten an Attraktivität einzubüßen und der Umsatz entwickelt sich nun rückläufig – zum Beispiel als Kutschen durch das Automobil oder Seide durch Nylon ersetzt wurde.[7]

Levitt beschreibt anhand seines Modells einen generischen Produktlebenszyklusverlauf eines nicht definierten Produktes einer nicht näher spezifizierten Branche über einen nicht bekannten Zeitraum. Ohne den Verlauf der Umsatzkurve anhand von absoluten Werten, Relationen oder gar einer bestimmten Funktion zu definieren, beschreibt er jedoch die tendenzielle Entwicklung der Kurve in den einzelnen Phasen. Er beansprucht dadurch die Allgemeingültigkeit seines Modells, sprich einen tendenziellen Verlauf der Umsatzkurve über die Lebensdauer unterteilt in vier unterschiedliche Phasen für alle Produkte aller Branchen. Bereits hier lässt sich erkennen, dass es nicht einen einzigen Kurvenverlauf für alle Produkte geben kann, da sowohl die Steigung der Kurve in den einzelnen Phasen, wie auch die Dauer der einzelnen Phasen selbst unterschiedlich ausgeprägt sein können.

Dieses Grundmodell wurde von mehreren verschiedenen Autoren aufgegriffen und in der Folge auch teilweise abgewandelt. Es finden sich auch Publikationen welche eine feinere Unterteilung des Produktlebenszyklus in mehr als die vier von Levitt beschriebenen Phasen vornehmen.[8] In diesen Abwandlungen wird der Produktlebenszyklus unter anderem um die Phasen Sättigung und Nachlauf- oder End-of-Life-Phase bzw. ähnlich klingender Phasen erweitert.[9] [10]

Nachfolgend wird näher auf die oben genannten, einzelnen Phasen des Produktlebenszyklus eingegangen.

2.1.1.1 Phase 1 – Die Einführung

Die Markteinführung eines neuen Produktes steckt voller unbekannter, ungewisser und häufig unerkennbarer Risiken. Grundsätzlich muss während dieser anfänglichen Phase der Marktentwicklung die Nachfrage nach dem neuen Produkt erst geweckt werden. Die Dauer dieses Prozesses hängt dabei von der Komplexität des Produktes, dem Grad der Produktneuheit, dem Entsprechen bzw. der Befriedigung von Kundenbedürfnissen und dem Vorhandensein von Ersatzprodukten des Wettbewerbs in gleicher oder ähnlicher Form ab.[11]

---

[7] Vgl. Levitt (1965), S. 82.
[8] Siehe Kapitel 2.1.2.
[9] Vgl. Tabelle 1.
[10] Vgl. Höft (1992), S. 18ff.
[11] Vgl. Levitt (1965), S. 81.

Obwohl es von Zeit zu Zeit immer wieder bewiesen wurde, dass speziell kundenorientierte Produktneuentwicklung eine der primären Voraussetzungen für Umsatz- und Gewinnwachstum ist, so zeigte sich dennoch, dass erst recht verheerende Kosten und die damit verbundenen, häufigen Projektabbrüche mit der Einführung neuer Produkte zusammenhängen. Fakt ist, dass die meisten neuen Produkte zu Beginn überhaupt keine klassische Kurve aufweisen. Sie weisen stattdessen zu Beginn eine stark abfallende Kurve auf, welche das neue Produkt nicht nur nicht in den Markt starten lässt, sondern gleich zu Beginn zum Projektabbruch führt.[12]

Viele Unternehmen sind auf Grund dieser enormen Risiken zu einer neuen Strategie übergegangen. Sie überlassen anderen Unternehmen den Ersteintritt in den Markt. Sofern die Idee erfolgreich umgesetzt werden kann, ziehen diese dann schnellstmöglich nach. Sie sind bereit das erste Stück vom Kuchen der Konkurrenz zu überlassen, aber gleichzeitig wachsam genug, um das zweite große Stück zu ergattern und nicht erst eines der Reststücke, um welches sich dann die übrigen Konkurrenten streiten können.[13]

2.1.1.2 Phase 2 – Wachstum

Das übliche Merkmal eines erfolgreichen neuen Produktes ist ein allmählicher Anstieg der Umsatzkurve während der Markteinführungsphase. An einem gewissen Punkt dieses Verlaufes setzt eine deutliche Zunahme der Konsumnachfrage ein und die Umsatzzahlen heben ab. Der Boom hat eingesetzt. Dies ist nun der Beginn von Phase 2 – der Phase des Marktwachstums. An diesem Punkt treten potentielle Konkurrenten, welche die Entwicklung während Phase 1 beobachtet haben, in den Markt ein. Die Ersten die nun hinzukommen sind in der Regel diejenigen, welche anderen das erste große Stück vom Kuchen – aber auch die damit verbundenen Risiken – überlassen haben und es auf das zweite große Stück abgesehen haben und diese Strategie auch außerordentlich erfolgreich anwenden. Einige treten mit exakten Kopien des Ersterfinderproduktes in den Markt ein, andere wiederum führen funktionale und gestalterische Verbesserungen am Produkt durch. An diesem Punkt beginnen sich auch Produkt- und Markendifferenzierungen zu entwickeln.[14]

Der darauffolgende Kampf den Kunden als Stammkunden zu gewinnen stellt für den ursprünglichen Hersteller eine völlig neue Reihe von Problemen dar. Anstatt nach Wegen zu suchen den Kunden dazu zu bekommen sein Produkt zu testen, steht der Erfinder nun vor dem herausfordernderen Problem den Kunden überhaupt dazu zu bewegen, seine Marke zu bevorzugen. Dies erfordert in der Regel wichtige Veränderungen der Marketingstrategien

---

[12] Vgl. Levitt (1965), S. 81.
[13] Vlg. Levitt (1965), S. 82.
[14] Vgl. Levitt (1965), S. 83.

und -methoden. Aber die Methoden und Strategien die nun entwickelt werden, sind weder die freie Wahl des ursprünglichen Erfinders, noch so experimentell als wie sie in Phase 1 gewesen wären. Das Vorhandensein von Wettbewerbern führt sowohl zu einer Vorgabe als auch einer Begrenzung dessen, was leicht versucht werden kann – wie zum Beispiel auszutesten, was das beste Preisniveau oder der beste Vertriebskanal wäre.[15]

Da die Kunden in dieser Phase immer schneller bereit sind sich auf neue Marktgegebenheiten einzulassen, nimmt auch die Wettbewerbsintensität ständig zu. Dies erzeugt eine überdimensionale Einschätzung der Gewinnmöglichkeiten, was wiederum neue Mitbewerber in den Markt zieht. Einige dieser neuen Wettbewerber beginnen nun auf Grund von Technologienachteilen, Produktionsengpässen, der Notwendigkeiten zu niedrigeren Margen absetzen zu müssen und dergleichen ihre Produkte zu niedrigeren Preisen anzubieten. All diese mit der Zeit unausweichlichen Bewegungen führen die Industrie an die Schwelle einer neuen Wettbewerbsphase.[16]

2.1.1.3 Phase 3 – Reife

Diese neue Phase im Produktlebenszyklus ist die Phase der Marktreife. Das erste Zeichen für den Eintritt in diese Phase ist eine spürbare Sättigung des Marktes. Dies bedeutet, dass die meisten Abnehmerunternehmen oder Haushalte das Produkt bereits besitzen oder anwenden. Die Absatzzahlen wachsen nun auf demselben Level wie die Bevölkerungsentwicklung. Die Vertriebskanäle müssen inzwischen nicht mehr zur Gänze gefüllt werden und der Preiswettbewerb wird nun intensiver. In dieser Phase versuchen die Mitbewerber nun durch immer feinere Differenzierung des Produkts, des Kundenservice und von Werbemethoden und -feldern die Markenpräferenz der Kunden zu erreichen und diese dann auch zu erhalten.[17]

In der Regel zwingt die Reifephase den Produzenten dazu die Größe seines Vertriebsnetzwerkes und seiner Lagerflächen beizubehalten und die Distribution zu intensivieren. Während der Hersteller in der Markteinführungsphase sehr stark von den positiven Bemühungen seiner Händler und Distributoren seine Produkte zu verkaufen abhängig ist, findet in der Reifephase häufig eine weitgehende Bereinigung des Portfolios an Händlern und Distributoren statt, um sich auf die wesentlichen Partner zu konzentrieren. Im Falle von Markenprodukten im Speziellen muss der Hersteller nun mehr denn je direkt mit dem Kunden kommunizieren.[18]

---

[15] Vgl. Levitt (1965), S. 83.
[16] Vgl. Levitt (1965), S. 83.
[17] Vgl. Levitt (1965), S. 83.
[18] Vgl. Levitt (1965), S. 83.

Die Phase der Marktreife erfordert in der Regel eine neue Form der Schwerpunktsetzung auf einen erfolgreicheren Wettbewerb. Der Hersteller ist in zunehmenden Maß dazu gezwungen die Kunden auf der Basis von Preis, geringfügigen Produktdifferenzierungen, oder beidem anzusprechen. Die klarsten und effektivsten Formen der Differenzierung adressieren dabei meist das Produkt selbst, den gebotenen Service in Verbindung mit dem Produkt oder spezielle Angebote, welche zusätzlich zum Produkt geboten werden. Darüber hinaus wird versucht feine Produktunterscheidungen durch die Verpackung, die Werbung und das Ansprechen spezieller Marktsegmente aufzubauen und zu fördern. Die Reife-Phase kann sehr schnell durchwandert werden, wie zum Beispiel im Falle der meisten Modetrends für Frauen, oder kann über Generationen mit dem Pro-Kopf-Konsum weder steigen noch fallen, wie im Falle von solchen Hauptwarengruppen wie Herrenschuhen oder industriellem Befestigungsmaterial. Eine weitere Variante ist eine hohe Beständigkeit der Reife-Phase, jedoch in einem Zustand des allmählichen aber stetigen Rückganges des Pro-Kopf-Konsums, wie am Beispiel von Bier und Stahl.[19]

2.1.1.4 Phase 4 – Rückgang

Wenn die Marktreife allmählich nachlässt und langsam ausläuft, tritt das Produkt in die, nach Levitt, vierte Phase – jene des Rückganges. Während der gesamten Phasen von Marktreife und Rückgang befindet sich die Industrie im steten Wandel. Nur wenige Unternehmen sind in der Lage dem harten Wettbewerb zu trotzen. Da die Nachfrage sinkt werden die Überkapazitäten, welche bereits während der Reife-Phase offensichtlich wurden, zu einem ständigen betriebswirtschaftlichen Problem. In dieser Phase sind die Unternehmen stark vom Geschick und der Gerissenheit ihres Managements abhängig. Es gilt Konkurrenten aus dem Markt zu verdrängen oder die Wettbewerbssituation anhand von Übernahmen von oder Zusammenschlüssen mit Konkurrenzunternehmen zu verändern. Jene Unternehmen welche diese Phase überstehen, prägen danach die Charakteristik der Industrie. Die Produktion wird nun auf immer weniger Marktteilnehmer konzentriert. Preise und Margen sind in dieser Phase rückläufig. Die Konsumenten zeigen gar kein oder immer weniger Interesse am Produkt. Die einzigen Fälle in denen es einen Ausweg aus dem nicht mehr vorhandenen Kundeninteresse gibt, sind jene Branchen in welchen Design, Mode oder Styling eine starke Rolle spielen und welche in regelmäßigen Zyklen wiederbelebt werden.[20]

---

[19] Vgl. Levitt (1965), S. 83.
[20] Vgl. Levitt (1965), S. 83.

2.1.2 Varianten des Konzeptes nach Levitt

Nachdem Levitt sein Modell 1965 einer breiteren Öffentlichkeit bekannt machte, griffen in weiterer Folge unterschiedlichste Autoren die Thematik auf und diskutierten diese. Die Grundaussage ist aber bei all diesen Autoren eine sehr Ähnliche und entspricht weitestgehend jener von Levitt. Der größte Unterschied zum Modell von Levitt schlägt sich dabei in der Anzahl und Benennung der einzelnen Phasen des Produktlebenszyklus nieder. Viele Autoren nehmen eine feinere Unterteilung des Gesamtzyklus vor und verwenden in ihren Modellen mehr als vier Phasen um den Verlauf der jeweiligen Kurve detaillierter besprechen zu können. Bei einigen Autoren findet auch der Zeitraum vor der Markteinführung des Produktes Berücksichtigung. Tabelle 1 zeigt einen Auszug der verschiedenen Autoren, welche sich mit dem Produktlebenszykluskonzept auseinandergesetzt haben, und welche Anzahl und Bezeichnungen der Phasen dabei verwendet wurden.

Quelle/Autor (Jahr)	Anzahl Phasen	Bezeichnung der Phasen
Levitt (1975/1965)*	4	1. Market Development – 2. Market Growth (take off stage) – 3. Market Maturity – 4. Market Decline
Berenson (1967)	6	1. Introduction – 2. Growth – 3. Maturity – 4. Saturation – 5. Decline – 6. Abandonment
Cunningham (1969)	E**+4 (5)	0. Development – 1. Introduction – 2. Growth – 3. Maturity – 4. Decline – (5. Ohne Bezeichnung)
Brockhoff (1974)	5 (6)	1. Einführungsphase – 2. Wachstumsphase – 3. Reifephase – 4. Sättigungsphase – 5. Degenerationsphase – oder Schrumpfungsphase – (6. Phase der Produktversteinerung)
Hofstätter (1977)	5	1. Einführung – 2. Wachstum – 3. Reife – 4. Sättigung – 5. Rückgang
Rink/Dodge (1980)	4	1. Introduction – 2. Growth – 3. Maturity – 4. Decline
Schmalholz (1986)	E**+5	Entstehungszyklus: Idee – Forschung – Entwicklung – Produktionsaufnahme Marktzyklus: 1 Markteinführung – 2. Wachstum – 3. Stagnation – 4. Schrumpfung – 5. Eliminierung
Ziebart (1986)	E**+4	Innovationsphase: Forschung, Vorentwicklung – Neuentwicklung – Einführung Marktzyklus: 1. Expansion – 2. Stagnation – 3. Degeneration – 4. Auslauf
Solomon/Sandborn/ Pecht (2000)	6 (7)	1. Einführung – 2. Wachstum – 3. Reife – 4. Rückgang – 5. Auslauf – 6./7. Abkündigung und Überalterung

* = Die zweite Jahresangabe bezeichnet das Jahr der Erstveröffentlichung
** = erweitertes Lebenszykluskonzept

Tabelle 1: Übersicht verschiedener Produktlebenszyklusmodelle[21]

---

[21] Quelle: eigene Darstellung, in Anlehnung an Höft (1992), S. 18ff.

An diesem Punkt muss kritisiert werden, dass es in der Literatur keinen Hinweis darauf gibt, welches Modell und somit welche Anzahl und Benennung der einzelnen Phasen sich für welche Produkte bzw. Branchen eignet. Weder wird ein Beweis dafür dargelegt, welche Phasenunterteilung sich für welche Produktgruppe anbietet, noch woran man eine solche Phasenunterteilung eventuell festmachen könnte. Die einzelnen Autoren wenden ihr jeweiliges Modell zwar in den einzelnen Fällen auf konkrete Beispiele an, jedoch kann daraus keine Allgemeingültigkeit abgeleitet werden. Die von manchen Autoren berücksichtigte Phase des Vorproduktlebenszyklus bzw. des Entwicklungszyklus wird zwar bei innovationslastigen Gütern berücksichtigt, da aber eine gewisse Entwicklungsarbeit bei jedem Produkt notwendig sein wird, kann auch hier keine eindeutige Kategorisierung abgeleitet werden. Somit kann lediglich auf eine willkürliche Auswahl des zu verwendenden Modells geschlossen werden, abhängig vom gewünschten Detaillierungsgrad der Produktlebenszykluskurvenanalyse.

2.1.3 Produktlebenszyklus elektronischer Bauelemente

Wie bereits erörtert, beschreibt das Grundmodell nach Levitt keinen absoluten Kurvenverlauf, wohl aber die tendenzielle Steigung der Kurve in der jeweiligen Phase. Auch gibt es hinsichtlich der Anzahl und Benennung der einzelnen Phasen Raum für Interpretationen. Somit müssen in Hinblick auf die Halbleiterindustrie zunächst der Kurvenverlauf und die Anzahl der Phasen des Produktlebenszyklus für elektronische Bauelemente bestimmt werden. Solomon/Sandborn/Pecht gehen in ihrer Arbeit von sechs bzw. sieben unterschiedlichen Phasen aus.[22]

1. **Einführung (Introduction Stage)**

    Die Einführungsphase ist normalerweise durch hohe Produktionskosten charakterisiert. Diese lassen sich auf die Design-Kosten, niedrige Produktionsausbeute, laufende Modifikationen, geringe oder nur schwer einschätzbare Produktionsvolumina und das Fehlen von spezialisiertem Produktionsequipment zurückführen. Die Marketingkosten können in dieser Phase ebenfalls sehr hoch ausfallen. Die Erstanwender unter den Kunden, welche ein Produkt bereits in einer solch frühen Phase kaufen, neigen dazu die Performance über den Preis zu bewerten.[23]

2. **Wachstum (Growth Stage)**

    Die Wachstumsphase wird durch die Marktakzeptanz des Produktes gekennzeichnet. Der gesteigerte Umsatz in dieser Phase rechtfertigt die Entwicklung des Produktes

---

[22] Vgl. Solomon/Sandborn/Pecht (2000), S. 2ff.
[23] Vgl. Solomon/Sandborn/Pecht (2000), S. 2.

und den Einsatz von spezialisiertem Produktionsequipment, welches in weiterer Folge die Skalenerträge in der Produktion verbessert. Massenproduktion, Massendistribution und Massenmarketing bedingen in weiterer Folge Preisreduktionen des Produktes. In dieser Phase treten auch die meisten Mitbewerber auf den Markt, da nach Chancen suchende Unternehmen durch das Gewinnpotential angesprochen werden und strategische Akquisitionen und Firmenfusionen noch nicht stattgefunden haben.[24]

3. Reife (Maturity Stage)

Die Reifephase ist durch hochvolumige Absatzmengen gekennzeichnet. Wettbewerber mit geringeren Produktionskosten können in den Markt eintreten bzw. verlagern lokale Produzenten ihre Produktionsstätten in günstigere Gebiete, um niedrigere Produktionskosten erzielen zu können.[25]

4. Rückgang (Decline Stage)

Die Rückgangsphase ist durch rückläufige Nachfrage und generell rückläufige Gewinnspannen gekennzeichnet. Gegen Ende dieser Phase verbleiben nur wenige spezialisierte Produzenten im Markt. Transistor-Transistor-Logik (TTL) logische ICs sind Beispiele für Produkte, welche auf Grund von anhaltenden Verkäufen in der Schwarz-Weiß-Fernseher Technologie auch noch sehr spät in dieser Phase verfügbar waren.[26]

5. Auslauf (Phase-out Stage)

Der Auslauf von Produkten tritt dann ein, wenn ein Produzent ein Datum für die Einstellung der Produktion festlegt. Im Allgemeinen sendet der Produzent in einem solchen Fall eine Abkündigungsmeldung an die Kunden in welcher das letztmögliche Bestelldatum, aber auch mögliche Ersatzprodukte angeführt werden.[27]

6./7. Abkündigung und Überalterung (Discontinuance and Obsolescence)

Mit dem Produktionsende eines Produktes setzt auch die Abkündigung ein. Das Produkt kann aber weiterhin am Markt verfügbar sein, sofern die Produktionslinie oder Produktbestände von einem Sekundärmarktlieferanten aufgekauft wurden. Die Produktüberalterung tritt dann auf, wenn die Technologie, auf welcher das Produkt basiert, nicht mehr angewendet wird. Demzufolge tritt die Produktüberalterung auf der Ebene der Technologie auf, wohingegen eine Produktabkündigung auf der Ebene des Produktes bzw. eines Herstellers im Speziellen verankert ist.[28]

---

[24] Vgl. Solomon/Sandborn/Pecht (2000), S. 2.
[25] Vgl. Solomon/Sandborn/Pecht (2000), S. 3.
[26] Vgl. Solomon/Sandborn/Pecht (2000), S. 3.
[27] Vgl. Solomon/Sandborn/Pecht (2000), S. 4.
[28] Vgl. Solomon/Sandborn/Pecht (2000), S. 4.

Wie bereits in der Beschreibung des allgemeinen Produktlebenszyklus angemerkt, folgen nicht alle Produkte der Abfolge dieser sechs (bzw. sieben) Phasen. Manche von ihnen erleben einen Fehlstart und treten erst gar nicht in den Markt ein, andere wiederum erleben in der Phase des Rückganges eine Wiederbelebung und starten nochmal durch. Auch andere mögliche Phasenverläufe können je nach ökonomischen, sozialen oder umweltbedingten Ereignissen auftreten.

Die nachfolgende Grafik veranschaulicht den idealtypischen Verlauf des Produktlebenszyklus in Bezug auf die Absatzmenge und die Zeit und die Unterteilung der Kurve in die oben beschriebenen Phasen 1 bis 7. Der idealtypische Verlauf des Produktlebenszyklus elektronischer Bauelemente verläuft entsprechend der Gaußschen Normalverteilung, der so genannten Dichtefunktion. µ und σ repräsentieren dabei die den Kurvenverlauf beeinflussenden Parameter, wobei µ für das arithmetische Mittel der verkauften Stückzahlen steht und somit auch gleichzeitig das Kurvenmaximum anzeigt und σ für die Standardabweichung der verkauften Stückzahlen pro Zeiteinheit von der Normalverteilung steht. Auf den idealtypischen Verlauf und die Unterteilung der Gesamtkurve in die einzelnen Phasen wird in Kapitel 2.5.2 nochmals näher eingegangen.

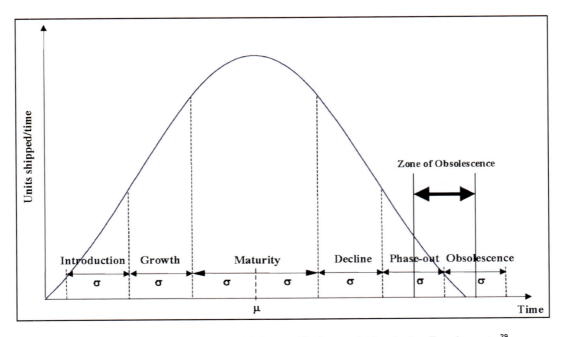

Abbildung 2: Standardisierte Produktlebenszykluskurve elektronischer Bauelemente.[29]

---

[29] Quelle: Solomon/Sandborn/Pecht (2000), S. 3.

Die nachstehende Tabelle 2 zeigt die unterschiedlichen Phasencharakteristika Umsatz, Preis, Verwendung des Produktes, Produktmodifikationen, Wettbewerber und Gewinn des Herstellers und deren Ausprägung während des Verlaufs des Produktlebenszyklus von elektronischen Bauelementen.

Charakteristik	Einführung	Wachstum	Reife	Rückgang	Auslauf	Überalterung
Umsatz	Langsam aber ansteigend	Schnell ansteigend	Hoch	Abnehmend	Lifetime buys may be offered	Wenn überhaupt, nur von so genannten After-Market Lieferanten
Preis	Am höchsten	Abnehmend	Niedrig	Am niedrigsten	Niedrig	Nicht anwendbar, oder sehr hoch wenn von After-Market Lieferanten
Verwendung	Niedrig	Ansteigend	Hoch	Abnehmend	Abnehmend	Niedrig
Produktmodifikationen	Regelmäßige Reduzierung der Chipgröße, und mögliche Änderungen der Masken	Regelmäßige Reduzierung der Chipgröße	Regelmäßige Reduzierung der Chipgröße	Wenige bis gar keine	Keine	Keine
Wettbewerber	Wenige	Hoch	Hoch	Abnehmend	Abnehmend	Wenige
Gewinn des Herstellers	Niedrig	Ansteigend	Hoch	Abfallend	Abnehmend	Abfallend

Tabelle 2: Typische Charakteristika der einzelnen Lebenszyklusphasen elektronischer Bauelemente[30]

---

[30] Quelle: eigene Darstellung, in Anlehnung an Solomon/Sandborn/Pecht (2000), S. 4.

2.1.4 Portfolioanalyse – Der Produktlebenszyklus aus der Perspektive des Marktes

Die Beschreibung des Lebenszyklus eines Produktes und die Unterteilung in unterschiedliche Phasen können auch in einer anderen als der bisher beschriebenen Form erfolgen. Bei einer Portfolioanalyse erfolgt die Betrachtung des Produktlebenszyklus aus der Perspektive des Marktes. Im allgemeinen Sprachgebrauch werden Produktlebenszyklusanalyse und Portfolioanalyse dabei oftmals vermischt. Diese Formen sind dabei aber strikt zu trennen, da sie jeweils unterschiedliche Ziele verfolgen.

Die drei bekanntesten Modelle der Portfolioanalyse, wenngleich auch aufeinander aufbauend, sind das Marktwachstums-Marktanteils-Portfolio der Boston Consulting Group, das Marktattraktivitäts-Geschäftsfeldstärken-Portfolio nach McKinsey und das Marktlebenszyklus-Wettbewerbspositions-Portfolio nach Arthur D. Little (ADL-Portfolio).

Die Unternehmensberatungsgesellschaft Boston Consulting Group entwickelte 1973 das Marktwachstums-Marktanteils-Portfolio als ein Grundmodell zur Bewertung strategisch relevanter Geschäftseinheiten, welches zum einen auf den zukünftigen Gewinnchancen, sprich dem Marktwachstum oder der Wachstumsrate des Umsatzes in Prozent per anno, und zum anderen der gegenwärtigen Wettbewerbsposition, sprich dem relativen Marktanteil, basiert.[31] Das Grundmodell nach Levitt wird dabei um die Komponente der Erfahrungskurve des Unternehmens erweitert.

„Ein hohes Marktwachstum steht dabei für ein niedriges Marktrisiko (frühe Phase des Produktlebenszyklus, noch hinreichendes Marktpotenzial) und ein hoher relativer Marktanteil für eine überdurchschnittliche Marktstellung (Erfahrungskurve, Kostenvorteile)."[32]

Die BCG definiert in ihrem Grundmodell vier unterschiedliche Kategorien, in denen sich ein Produkt oder eine Geschäftseinheit einordnen lässt, nämlich Fragezeichen, Stars, Cash-Cows und (poor) Dogs. Jede dieser vier Kategorien weißt unterschiedliche Merkmale und somit unterschiedliche Handlungsstrategien auf. Die folgende Abbildung 3 stellt die Einteilung der vier Kategorien anhand des relativen Marktanteils und des Marktwachstums dar.

---

[31] Vgl. Boston Consulting Group (2012) [online].
[32] Graumann (2008), S. 120.

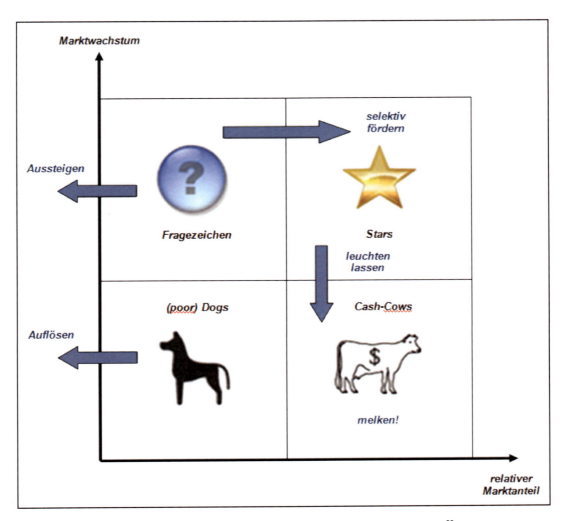

Abbildung 3: Portfoliomatrix nach der Boston Consulting Group[33]

Typischerweise entwickelt sich ein Produkt oder eine Geschäftseinheit entsprechend des Marktwachstum-Marktanteil-Portfolio dabei von der Kategorie des Fragezeichens, über die Kategorie der Stars hin zur Kategorie der Cash-Cows in der es schließlich so lange wie möglich verbleiben soll, um in dieser Kategorie dem Unternehmen als finanzielle Basis zu dienen. Sobald sich ein Produkt hin in die Kategorie der (poor) Dogs entwickelt und somit zum Problemprodukt wird, sollte es vom Markt genommen werden. Abbildung 4 legt die Kategorien der BCG auf die jeweiligen Phasen des Produktlebenszyklus Modells um und veranschaulicht so nochmals die Gemeinsamkeiten dieser beiden Modelle.

---

[33] Quelle: eigene Darstellung, in Anlehnung an Graumann (2008), S. 121.

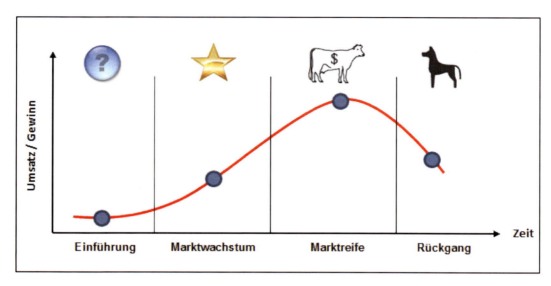

Abbildung 4: BCG Kategorien im Verlauf des Produktlebenszyklus[34]

Aufbauend auf dem Modell der Boston Consulting Group entwickelte die Unternehmensberatungsgesellschaft McKinsey Anfang der 1970er Jahre in Zusammenarbeit mit dem Unternehmen General Electric das so genannte Marktattraktivitäts-Geschäftsfeldstärken-Portfolio. Hierbei werden sowohl auf Ebene der Marktattraktivität (Marktwachstum, Marktgröße, Wettbewerbsstruktur, Markteintrittsbarrieren, etc.), als auch auf Ebene der Geschäftsfeldstärken (Marktanteil, finanzielle Ressourcen, Markenidentität, etc.) mehrere Faktoren ins Spiel gebracht. Beim Marktattraktivitäts-Geschäftsfeldstärken-Portfolio spricht man deshalb auch von einem Mehrfaktorenkonzept. Auch bei diesem Modell wird je nach definierter Zone eine unterschiedliche Handlungsstrategie empfohlen (vergleiche dazu Abbildung 5).[35]

---

[34] Quelle: eigene Darstellung, in Anlehnung an Graumann (2008), S. 122.
[35] Vgl. Hungenberg/Wulf (2011), S. 119ff.

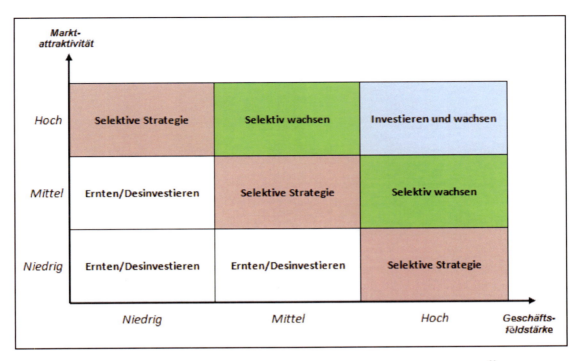

Abbildung 5: Marktattraktivitäts-Geschäftsfeldstärken-Portfolio nach McKinsey[36]

Das Marktlebenszyklus-Wettbewerbspositions-Portfolio (ADL-Portfolio) nach Arthur D. Little erweitert das Modell von McKinsey um eine noch feinere Unterteilung der beiden Achsen an sich und die Miteinbeziehung noch weiterer Betrachtungsdimensionen.

Zusammenfassend lässt sich zu den Portfolioanalysen sagen, dass sie zwar alle auf dem Konzept des Produktlebenszyklus basieren, dieses jedoch von einer sehr stark marktgeprägten Sichtweise aus betrachten. Somit müsste bei der Betrachtung des Produktlebenszyklus und daraus abgeleitet der Erarbeitung von Bestandsmanagementstrategien für die untersuchten Produkte eine Kategorisierung anhand des Marktes, auf welchem das jeweilige Produkt angeboten wird, erfolgen. Die Portfolioanalysen nach McKinsey und Arthur D. Little sind in ihrer Ausprägung jedoch bereits zu weit von der Ebene des jeweiligen Produktes entfernt, um mit ihrer Hilfe noch entsprechende Rückschlüsse auf die jeweilige Produktlebenszyklusphase zuzulassen. Am ehesten könnte eine Aussage über die aktuelle Phase des Produktlebenszyklus anhand des Marktwachstums-Marktanteils-Portfolio der Boston Consulting Group erfolgen. Bei dieser Portfolioanalyse gibt es jedoch keine definierte Reihenfolge, in welcher die einzelnen Kategorien durchwandert werden. Zwar wird die Reihenfolge Fragezeichen-Star-Cash-Cow-(poor) Dog als optimal angesehen, jedoch muss diese nicht zwingend zutreffen und kann willkürlich erfolgen. Auch können die einzelnen Phasen während des Lebenszyklus eines Produktes mehrmals hintereinander durchlaufen werden,

---

[36] Quelle: eigene Darstellung, in Anlehnung an Hungenberg/Wulf (2011), S. 120.

bevor dieses wieder vom Markt genommen wird. Somit sind die Portfolioanalysen für die Beantwortung der Forschungsfragen dieser Studie als wenig zielführend einzustufen und werden im weiteren Verlauf dieser Untersuchung nicht mehr berücksichtigt.

2.2 Kritik am Produktlebenszyklus-Modell

Das Konzept des Produktlebenszyklus wird sowohl in der Theorie als auch in der Praxis weitgehend akzeptiert. Die Erkenntnisse des Lebenszyklusmodells finden Anwendung in unterschiedlichsten Bereichen wie zum Beispiel im (strategischen) (Marketing-) Management/(Marketing-) Planung, Produktmanagement, Produktplanung, Forschung & Entwicklung, der Preispolitik, Beschaffung/Einkauf, Finanzplanung, Erstellung von Prognosen, Frühwarnsystemen und beeinflussen somit alle direkt oder indirekt auch das Bestandsmanagement.[37]

Trotz der weiten Akzeptanz und Anwendung welche das Konzept des Produktlebenszyklus findet, werden von verschiedenen Autoren auch etliche Kritikpunkte an dieser Theorie angeführt. Diese lassen sich wie folgt zusammenfassen.

Dhalla und Yuspeh führen in ihrer Arbeit „Forget the Product Life Cycle Concept!" gleich mehrere Kritikpunkte an. Sie kritisieren, dass sich der Produktlebenszyklus (PLZ) in seinem Konzept des Phasenverlaufes an die biologische Welt anlehnt. Während jedoch in dieser die Längen der einzelnen Phasen annähernd präzise fixiert sind, variiert die Phasenlänge im PLZ-Konzept von Produkt zu Produkt. Des Weiteren wenden die meisten Entscheidungsträger dieses Modell in idealisierter Form ohne jeglichen empirischen Hintergrund an. Außerdem werde nicht klar zwischen „product class", „product form" und „brand" unterschieden, wobei die beiden Autoren vermerken, dass es nicht möglich sei dieses Modell auf irgendeinem dieser Aggregationslevels zu validieren. Auch das Fehlen einer sauberen und klar definierbaren Unterscheidungsmöglichkeit der vier Hauptphasen findet in dieser Arbeit Kritik.[38]

Auch Uhe führt in seiner Arbeit an, dass die Phasenidentifikation oft schwierig ist, da Überlagerungen durch Konjunktur, Aktionen der Konkurrenz etc. kaum von der Phasenentwicklung trennbar sind. Ähnlich wie bei Dhalla und Yuspeh wird auch hier aufgezeigt, dass sich das Modell kaum für Einzelprodukte (z.B. Marlboro Zigaretten), wohl aber für Produktgattungen (z.B. Filterzigaretten) eignet. Im Konzept des PLZ endet der Lebenszyklus eines Produktes mit der Phase des Rückganges. Bei Produktgattungen können aber z.B. durch neue Merkmale oder durch neue Trends oder Modeerscheinungen fast „tote Produkte" wiederbelebt

---

[37] Vgl. Höft (1992), S. 17ff.
[38] Vgl. Dhalla/Yuspeh (1976), S. 102ff.

werden. Als Beispiel wird hier der Markt für Analoguhren genannt, welcher mit Aufkommen der Digitaltechnik fast zum Erliegen gekommen war, bis Prestigegründe und ein ausgeprägtes ästhetisches Gefühl bei den gehobenen Käuferschichten den Analoguhren einen erneuten ungeahnten Aufschwung gebracht haben. Weitere Kritikpunkte bei Uhe sind die fehlende Vorhersagbarkeit von Länge und Dauer eines Produktlebenszyklus, dass der Verlauf des Produktlebenszyklus keine Gesetzmäßigkeit darstellt, sondern von den durchgeführten Marketingaktivitäten und den Aktionen der Konkurrenz beeinflusst wird, und Veränderungen der Umwelt nicht in das Modell integriert werden können. Diese können sehr plötzlich auftreten wie z.B. die Abneigung gegen Kernenergie und Zuwendung zu herkömmlichen Energien nach der Katastrophe von Tschernobyl. Der Autor gesteht jedoch ein, dass dem letzten Kritikpunkt kaum ein Modell gewachsen sein kann.[39]

Weitere Kritikpunkte finden sich auch bei Michel. Dieser kritisiert, dass die einzelnen Phasen des PLZ zeitlich nicht vorhersehbar sind, da sie für jedes Produkt unterschiedlich sind. Unterschiedliche Muster im Kurvenverlauf können zu voreiligen Schlüssen bei Entscheidungen führen. Auch führt Michel, konform zu anderen Autoren, an, dass der PLZ keinem gesetzmäßigen Zyklus folgt, sondern vielmehr das Ergebnis von gewählten Marketingstrategien und nicht deren Ursache sei. In der Analyse von Produkt- und Marktdynamik kann das Konzept keine konkreten Zahlen und verbindlichen Resultate liefern und als Kontrollinstrument ist dieses Konzept erst nutzbar, wenn man Vergleichsdaten mit ähnlichen oder früheren Bezugsgrößen hat.[40]

Büttner führt als Argumente gegen bzw. Kritikpunkte am Modell des Produktlebenszyklus an, dass sich diese Theorie hauptsächlich erst für ex-post-Analysen eignet und eine Phaseneinteilung nicht unproblematisch ist und somit mehr oder weniger willkürlich angenommen wird. Ein bestimmter Verlauf der Produktlebenszykluskurve kann nicht immer unterstellt werden und ist somit keine vorgegebene und damit prognostizierbare Kurve. In Bezug auf Exporte bzw. Importe zeigt Büttner auf, dass für Entscheidungen über eben solche Kenntnis, wann Nachfrage- und Imitationslücken geschlossen werden, notwendig ist. Das Schließen der Lücken kann zwar ex-post erklärt, aber nicht ex-ante prognostiziert werden. Somit liefert die Theorie nur sehr begrenzten Beitrag für betriebswirtschaftliche Entscheidungsmodelle.[41]

---

[39] Vgl. Uhe (2002), S. 56.
[40] Vgl. Michel (2009, S. 117.
[41] Vgl. Büttner (2012) [online].

2.3 Einflussfaktoren auf den Produktlebenszyklus

Wie bereits in den vorhergehenden Kapiteln erörtert, gibt es zwar einen optimalen Kurvenverlauf des Produktlebenszyklus, jedoch kann dieser nicht als allgemeingültiger Kurvenverlauf für alle Produkte herangezogen werden. Somit ergeben sich also je nach Produkt unterschiedliche Verläufe des Produktlebenszyklus. Es muss also geklärt werden, welche Einflussfaktoren auf den Produktlebenszyklus wirken und dessen Verlauf somit beeinflussen.

Grundsätzlich kann zwischen externen und internen Einflussfaktoren unterschieden werden. Als externe Einflussfaktoren auf den Produktlebenszyklus können dabei

- Politik (Dosenpfand, Verbot von FCKW → Pumpsprays)[42],
- Gesellschaft (Wandel der Altersstruktur)[43],
- Umwelt/Ökologie (Rohstoffknappheit)[44],
- Wirtschaft (Rezession, Ölkrisen)[45],
- Technologie,
- Gesetzeslage,
- Verhalten der Konkurrenten/Wettbewerber[46], etc.

genannt werden. Ein wichtiges Merkmal externer Einflussfaktoren dabei ist, dass diese nur sehr begrenzt bis gar nicht durch das eigene Unternehmen beeinflusst werden können und somit als gegeben betrachtet werden müssen. Inwiefern die externen Einflussfaktoren bei der Betrachtung historischen Datenmaterials determiniert und in weiterer Folge vom reinen Lebenszyklusverlauf getrennt werden können, ist sehr schwer zu bestimmen. Dieser Punkt muss bei der Prognose eines möglichen zukünftigen Zyklusverlaufes auf Basis von Referenzdaten vergangener Produktlebenszyklen beachtet werden.

Interne Einflussfaktoren zeichnen sich dadurch aus, dass diese vom Unternehmen selbst beeinflusst werden können und als Reaktion auf veränderte externe Einflussfaktoren zur Steuerung des Produktlebenszyklus herangezogen werden können. Als interne Einflussfaktoren sind dabei

- die Qualität des Produktes an sich,
- der gebotene Service Level,

---

[42] Universität Erlangen (2004), S. 10. [online].
[43] Universität Erlangen (2004), S. 10. [online].
[44] Universität Erlangen (2004), S. 10. [online].
[45] Universität Erlangen (2004), S. 10. [online].
[46] Vgl. Herold/Völker (2011), S. 6.

- die Preispolitik,
- die Kommunikation nach außen,
- die Wahl und Motivation der Vertriebskanäle,
- die Entscheidungen interner Entscheidungsträger, etc.

zu nennen.[47]

Eine Unterteilung der Einflussfaktoren muss aber nicht zwingend nach externen und internen Kategorien erfolgen. In ihren mathematischen Untersuchungen zur Modellierung der Diffusion von Innovationen nehmen Herold/Völker eine Unterteilung der Einflussfaktoren auf den Produktlebenszyklus in die Kategorien „kausal", „zufällig" und „chaotisch" vor. Bei der Berücksichtigung der Einflussfaktoren aus diesen drei Kategorien müssen unterschiedliche mathematische Algorithmen verwendet werden.[48]

Die nachfolgende Tabelle 3 weist Faktoren auf, welche zuvor in entweder interne oder externe Einflussgrößen unterteilt wurden und ordnet diese den Kategorien kausal, zufällig oder chaotisch zu.

Faktor	kausal	zufällig	chaotisch
Qualität des Produktes	X		
Service	X		
Preispolitik	X		
Kommunikation	X		
Wahl und Motivation der Vertriebskanäle	X	X	
Wirtschaftliche Rahmenbedingungen	X	X	X
Marktfolge durch Wettbewerber		X	
Investitions- und Konsumklima	X	X	X
Gesetze und Auflagen für Produkte	X	X	X
Klimatische Bedingungen			X

Tabelle 3: Kausales, zufälliges oder chaotisches Verhalten möglicher PLZ-Einflussfaktoren[49][50]

---

[47] Vgl. Herold/Völker (2011), S. 6.
[48] Vgl. Herold/Völker (2011), S. 4ff.
[49] Vgl. Kapitel 3.6.2.
[50] Quelle: Herold/Völker (2011), S. 6.

2.4 Aggregationsniveau der Betrachtung des Produktlebenszyklus

Einer der Kritikpunkte am PLZ Modell ist, dass es sich eher für Produktgattungen als für Einzelprodukte eignet. Vor der Analyse des PLZ Modells muss also geklärt werden, auf welchem Aggregationsniveau eine Betrachtung und Datenanalyse erfolgen soll. Unterschiedliche Produktlebenszyklusverläufe sind dabei auf dem Niveau von

- einzelnen Marken (z.B. Halbleiter des Herstellers A),
- einzelnen Produkten (z.B. Prozessoren mit 32-Bit-Technologie),
- Produktformen (z.B. Speicherchips), oder
- Produktgruppen/-klassen (z.B. Integrierte Schaltkreise), etc.

denkbar.[51] Daraus abgeleitet lässt sich schlussfolgern, dass vor einer Untersuchung und Analyse des Produktlebenszyklus innerhalb eines Unternehmens, aber auch bei unternehmens- und branchenübergreifenden Untersuchungen das Aggregationsniveau hinterfragt werden und auf eine Vergleichbarkeit der Basisdaten geachtet werden muss.

2.5 Analyse und Vorhersage des Produktlebenszyklus

Die Analyse und Bestimmung des Verlaufes des Produktlebenszyklus dient als Entscheidungsgrundlage für nachfolgend abgeleitete Handlungsstrategien im Unternehmen. Es gibt unterschiedliche Methoden und Verfahren zur Analyse und Prognose des Produktlebenszyklusverlaufes.

In dieser Studie sollen die folgenden Methoden kurz vorgestellt werden:

- Die Produktlebenszyklusanalyse,
- Die Lebenszyklus Vorhersageprognose für elektronische Bauelemente nach Solomon/Sandborn/Pecht,
- Die Chartanalyse,
- Die Regressionsanalyse,
- Die Brockhoff-Funktion,
- Der Kolmogorov-Smirnov-Test,
- Der Quantil-Quantil-Plot,
- Die Ermittlung des Bestimmtheitsmaßes,

---

[51] Vgl. Höft (1992), S. 27.

- Die Vorhersage des weiteren Verlaufes des Produktlebenszyklus

2.5.1 Produktlebenszyklusanalyse

Als grundlegendste Analysemethode zur Bestimmung des Produktlebenszyklus bietet sich die so genannte Produktlebenszyklusanalyse an.

Hier versucht man einen Zusammenhang zwischen den quantitativen (insbesondere Deckungsbeitrag und Umsatz) und den qualitativen Merkmalen eines Produkts (z.B. Wettbewerbsintensität, Bedeutung der Produktionstechnologie) herzustellen und somit auf das „Lebensalter" des Produktes zu schließen.[52]

Die Dauer der einzelnen Phasen sind im Voraus nicht exakt bestimmbar und zudem Ausgangspunkte unternehmerischen Handelns. So kann der Produktlebenszyklus durch eine Unternehmung selbst verkürzt oder verlängert werden oder aber auch durch den Markt beeinflusst werden. Bei der Produktlebenszyklusanalyse handelt es sich lediglich um ein Erklärungsmodell, in welchem im Nachhinein erklärt wird, was geschehen ist und wie eine Unterteilung in die einzelnen Phasen erfolgen kann. Als Prognosemodell würde es erst dann nützlich sein, wenn sich durch eine häufige empirische Analyse die Idealkurve von Umsatz, Gewinn usw. über die Zeit bestätigt hat. Zusätzlich würde es auch noch einer Miteinbeziehung unterschiedlichster Kennzahlen aus dem Controlling und einer Beobachtung des Gesamtmarktes bedürfen. Wie sonst solle man bestimmen können, ob eine feststellbare Abflachung der Umsatzkurve bereits das Erreichen der Marktsättigung oder aber nur ein Teilabschnitt der sich noch entwickelnden Wachstumsphase bedeutet.[53]

Auch in der Literatur ist man sich nicht einig darüber, ob die Produktlebenszyklusanalyse auch als Erklärungs-, Prognose- und Entscheidungsmodell für produktpolitische Strategieentscheidungen verwendet werden sollte.[54] Aus diesem Grund muss ein anderer Zugang zu einer möglichen konkreten Analyse verschiedener Produktlebenszyklen gefunden werden. Einen großen Beitrag dazu lieferten Solomon/Sandborn/Pecht, indem sie eine auf statistischen Gesetzen basierende Analysemethode anregten.

2.5.2 Lebenszyklus Vorhersageprognose für elektronische Bauelemente nach Solomon/Sandborn/Pecht

Solomon/Sandborn/Pecht erarbeiten in ihrer Ausarbeitung eine Vorhersageprognose für den Produktlebenszyklus von elektronischen Bauelementen, welche die zu analysierende Lebenszykluskurve in Relation zur Gaußschen Normalverteilung („Glockenkurve") setzt.

---

[52] Vgl. Witherton (2012b) [online].
[53] Vgl. Koppelmann in Butzer (2007), S. 9.
[54] Vgl. Butzer (2007), S. 4.

Die Gaußsche Verteilung wird von der Electronic Industries Association (EIA) als Standard Produktlebenszykluskurve verwendet und ist infolgedessen auch bei Equipment Lieferanten wohlbekannt. Die Gleichung für diese Lebenszykluskurve lautet[55]

$$f(x) = ke^{\frac{-(x-\mu)^2}{2\sigma^2}}$$

Wobei *f(x)* dem Umsatz des Gerätes/der Technologiegruppe (oder der Anzahl der ausgelieferten Einheiten, oder dem Prozentsatz der Marktnachfrage) entspricht und *x* für das jeweilige Jahr steht. *f(x)* ist definiert durch das arithmetische Mittel *μ*, welches den Zeitpunkt der Erreichung der Umsatzspitze in der Kurve markiert, und die Standardabweichung σ. Der Faktor *k* entspricht der Umsatzspitze, der Anzahl der ausgelieferten Einheiten oder dem prozentualen Anteil an der Gesamtnachfrage.[56] Der Kurvenverlauf wurde bereits mit Abbildung 2 grafisch dargestellt.

Die dabei von Solomon/Sandborn/Pecht veranschlagte Vorgehensweise zur Prognose des Produktlebenszyklusverlaufes wird in der folgenden Abbildung 6 schematisch dargestellt und nachfolgend kurz beschrieben.

---

[55] Vgl. Solomon/Sandborn/Pecht (2000), S. 8.
[56] Vgl. Solomon/Sandborn/Pecht (2000), S. 8.

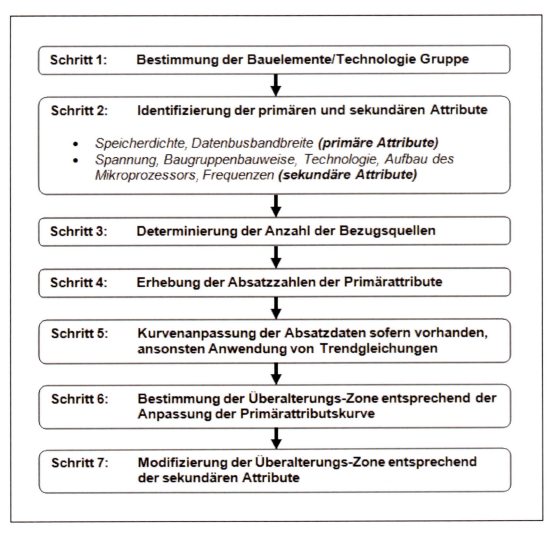

Abbildung 6: Lebenszyklus Vorhersageprognose für elektronische Bauelemente nach Solomon/Sandborn/Pecht[57]

- **Schritt 1:** Identifizierung der Bauelement/Technologiegruppe

Eine Produkt- bzw. Technologiegruppe ist eine Familie von Produkten, welche gemeinsame technologische und funktionale Eigenschaften teilen, jedoch von unterschiedlichen Herstellern produziert werden kann. Eine Produkt- bzw. Technologiegruppe ist beispielsweise ein Set aller 16M, 5V, SOP, EDO (Technologiecharakteristika) DRAMs (gerätefunktionelle Eigenschaften) unabhängig von seinem Hersteller (Samsung, Micron, oder Hyundai).[58]

---

[57] Quelle: eigene Darstellung, in Anlehnung an Solomon/Sandborn/Pecht (2000), S. 6.
[58] Vgl. Solomon/Sandborn/Pecht (2000), S. 6.

- **Schritt 2:** **Identifizierung der primären und sekundären Attribute**

  Ein primäres Attribut ist eine Eigenschaft welche eine Produkt-/Technologiegruppe definiert. Das primäre Attribut eines Speicherbauteils ist zum Beispiel die Speicherdichte. Ein sekundäres Attribut hingegen ist eine Eigenschaft der Produkt- bzw. Technologiegruppe, welche die Zeitspanne bis zur Erreichung der Überalterung und/oder die Lebenszyklusphasen von Produkt-/Technologiegruppen beeinflussen kann. Die sekundären Attribute eines Speicherbauteils beinhalten zum Beispiel die Bauweise der Verpackung und die Versorgungsspannung.[59]

- **Schritt 3:** **Determinierung der Anzahl der Bezugsquellen**

  Bestimmung der Anzahl der Quellen für das Produkt. Wenn keine Quellen gefunden werden können, ist das Produkt entweder bereits veraltet oder wurde noch nicht hergestellt.[60]

- **Schritt 4:** **Beschaffung der Absatzzahlen der primären Attribute**

  Die Absatz- oder Umsatzzahlen sind ein direkter Indikator für den Lebenszyklus der Produkt-/Technologiegruppe. Die Absatzzahlen können dabei in Form der Anzahl der gelieferten Stück, oder aber wenn diese Information nicht verfügbar ist, in Form von Marktumsatz in der entsprechenden Währungseinheit bzw. in Form des prozentualen Marktanteils verwendet werden, sofern sich der Gesamtmarkt im Zeitverlauf nicht überproportional erhöht.[61]

- **Schritt 5:** **Kurvenanpassung der Absatzdaten sofern vorhanden, ansonsten Anwendung von Trend Gleichungen**

  Die Lebenszyklus-Kurve zeigt die Anzahl der ausgelieferten Einheiten, oder sofern Möglich den Umsatzverlauf, eines bestimmten Aggregationslevels an. Jede Lebenszyklusphase ist dabei durch den Abstand zum arithmetischen Mittel μ, gemessen in der Standardabweichung σ definiert, sofern die Lebenszykluskurve der Gaußschen Glockenkurve entspricht.[62]

- **Schritt 6:** **Determinierung der Überalterungs-Zone entsprechend der Kurvenanpassung der primären Attribute**

  Die Zone der Überalterung bezieht sich auf einen Zeitraum in welchem das Produkt eine hohe Wahrscheinlichkeit hat zu überaltern. Sie ist durch das geordnete Werte-

---

[59] Vgl. Solomon/Sandborn/Pecht (2000), S. 6.
[60] Vgl. Solomon/Sandborn/Pecht (2000), S. 6.
[61] Vgl. Solomon/Sandborn/Pecht (2000), S. 6.
[62] Vgl. Solomon/Sandborn/Pecht (2000), S. 7.

paar (µ + 2,5σ − p, µ + 3,5σ − p) gegeben, wobei *p* dem heutigen Datum entspricht. Für das Beispiel der 16M DRAM Produktgruppe in Abbildung 8 ergibt dies beispielsweise eine Überalterungszone von 2,7 bis 4,3 Jahre. Die einzelnen Lebenszyklusphasen werden dadurch determiniert, indem man die Lebenszykluskurve für das primäre Attribut in

- Einführung (µ − 3σ, µ − 2σ),
- Wachstum (µ − 2σ, µ − σ),
- Reife (µ − σ, µ + σ),
- Rückgang (µ + σ, µ + 2σ) und
- Auslauf (µ + 2σ, µ + 3σ)

unterteilt.[63]

- **Schritt 7: Modifizierung der Überalterungs-Zone entsprechend der sekundären Attribute**

    Das Lebenszyklusprofil des Produktes kann Modifikationen durch das sekundäre Attribut erfordern. Sofern die Zone der Überalterung für die sekundären Attribute in die Lebensspanne des primären Attributs fällt, muss diese entsprechend bestimmter Algorithmen angepasst werden. Auf diese Algorithmen geht der Autor aber im Rahmen dieser Studie nicht mehr näher ein, da dies eine zu detaillierte Auseinandersetzung mit der Thematik erfordern würde.

Diese von Solomon/Sandborn/Pecht vorgeschlagene Vorgehensweise bietet einige Vorteile. Einer der Kritikpunkte am Lebenszyklusmodell ist, dass es nicht einen allgemein gültigen Zyklusverlauf für alle Produkte gibt, sondern viel eher eine spezifischen Zyklusverlauf für jedes einzelne Produkt. Durch den Ansatz die einzelnen Zyklusverläufe auf ihre Normalverteilung hin zu überprüfen und die dadurch entstehende Dichtefunktion in die einzelnen Phasen entsprechend ihres σ-Abstandes vom arithmetischen Mittel *µ* zu unterteilen, können die individuellen Zyklusverläufe der einzelnen Produkte geglättet und vergleichbar gemacht werden. Es gilt dabei lediglich zu überprüfen, ob ein gegebener Zyklusverlauf eine Normalverteilung aufweist. Dafür stehen aber unterschiedliche mathematische und grafische Methoden wie zum Beispiel der Kolmogorov-Smirnov-Test oder der Quantil-Quantil-Plot zur Verfügung, welche im weiteren Verlauf dieser Arbeit aber noch gesondert vorgestellt werden.

---

[63] Vgl. Solomon/Sandborn/Pecht (2000), S. 7f.

2.5.3 Chartanalyse

Ein etwas anderer Ansatz zur Bestimmung des weiteren Zyklusverlaufes in einem noch andauernden Produktlebenszyklus könnte die Adaptierung eines finanzwirtschaftlichen Prognosewerkzeuges zur Bestimmung des weiteren Verlaufes von Börsenkursen, der sogenannten Chartanalyse, darstellen.

Die charttechnische Analyse befasst sich mit der Aufzeichnung historischer Kurs- und Umsatzzeitreihen und leitet aus deren Analyse den wahrscheinlichen Kursverlauf in der Zukunft ab. Sie basiert auf der Annahme, dass Kurse in so genannten Trends verlaufen und dass das Kundenverhalten, welches als Prämisse immer gleichen Verhaltensmustern entspricht, zu wiederkehrenden Kursmustern in den Charts führt. Diese Muster nennt die technische Analyse Formationen und leitet aus deren Auftreten Prognosen für die Kursentwicklung eines Wertpapieres in der Zukunft ab.[64]

Somit bedingt die Chartanalyse aber eine bereits empirisch erhobene, zugrundeliegende Datenanalyse, welche in weiterer Folge als Vergleichsmuster herangezogen werden kann. Diesen Ansatz verfolgt der Autor bei der weiteren Analyse und Prognose von Produkten der Halbleiterindustrie ebenfalls weiter. Gestützt wird dieser Ansatz durch die geführten Experteninterviews, muss jedoch noch im Rahmen der Datenanalyse überprüft werden.

2.5.4 Regressionsanalyse – Modellvalidierung

Unter dem Oberbegriff Regressionsanalyse wird eine Sammlung von statistischen Analyseverfahren zusammengefasst. Das Ziel der am häufigsten eingesetzten Analyseverfahren ist es, Beziehungen zwischen einer abhängigen und einer oder mehreren unabhängigen Variablen zu analysieren. Die Regressionsanalyse wird dann verwendet, wenn Zusammenhänge quantitativ zu beschreiben oder Werte der abhängigen Variablen zu prognostizieren sind.[65] Oder anders gesagt, die Regressionsanalyse ist ein Hilfsmittel, um den Wert einer Messung vorherzusagen, wenn man bereits Werte anderer Messungen kennt.[66]

Die meisten praktischen Anwendungen von Regressionsverfahren zielen auf eine der beiden folgenden Kategorien ab:

- „Wenn das Ziel die Prognose oder Vorhersage ist, dann kann der durch das Regressionsverfahren ermittelte funktionale Zusammenhang verwendet werden, um ein Vorhersagemodell zu erstellen. Wenn nun zusätzliche Werte x ohne zugehörige Wer-

---

[64] Vgl. Rübsamen (2004), S. 13f.
[65] Vgl. Backhaus u. a. (2008), S. 45.
[66] Vgl. Webber/Wallace (2008), S. 176.

te *y* vorliegen, dann kann das angepasste Modell zur Vorhersage des Wertes von *y* verwendet werden."[67]

- Wenn eine Variable *y* und eine Anzahl von Variablen $x_1, ..., x_p$ vorliegen, die mit *y* in Verbindung gebracht werden können, dann können Regressionsverfahren angewandt werden, um die Stärke des Zusammenhangs zu quantifizieren. So können diejenigen x_j ermittelt werden, die gar keinen Zusammenhang mit *y* haben; oder diejenige Teilmengen $x_i, ..., x_j$, die redundante Information über *y* enthalten.[68]

Grundsätzlich werden drei Formen der Regressionsanalyse für den eindimensionalen Fall mit der Methode der kleinsten Quadrate unterschieden, nämlich die lineare, die quadratische (polynomische mit Grad 2) und die exponentielle Regression.

„Aufgrund der vergleichsweise hohen Komplexität des Regressionsproblems soll an dieser Stelle auf eine weitere Darstellung verzichtet werden. Es bleicht aber festzuhalten, dass

- die Berechnung weitaus komplexer ist als bei einfacheren statistischen Verfahren (z.B. bei der exponentiellen Glättung),
- die Aktualität der neuesten Werte gegenüber den weiter zurückliegenden Perioden unberücksichtigt bleibt,
- die Regressionsanalyse aber dennoch für wirtschaftlich bedeutsame Fragestellungen eingesetzt wird, um Beziehungen zwischen zwei oder mehr Merkmalen zu untersuchen (z.B. in der Marktforschung)."[69]

2.5.5 Brockhoff-Funktion

Klaus Brockhoff untersuchte 1966 in einer empirischen Arbeit die Hypothese, dass sich der Absatz eines Produktes über die Zeit nach einer Gesetzmäßigkeit entwickelt, welche durch den Produktlebenszyklus beschrieben wird. Bei dieser Hypothese muss jedoch bedacht werden, dass sie nicht aus einer geschlossenen Theorie folgt, sondern eigentlich nur empirische Beobachtungen verallgemeinert. Als Datenmaterial verwendete Brockhoff die monatlichen Angaben über Absatz und Umsatz von insgesamt sechs Farben und Haushaltspflegemitteln eines Unternehmens der Chemischen Industrie für die Zeit von 1953 bis 1961 sowie die Monatsangaben über die Produktion von 12 Automobiltypen eines Automobilherstellers für die Zeit von 1948 bis 1961.[70]

„Brockhoff konnte nachweisen, dass der Lebenszyklus von Produkten durch die Funktion

---

[67] Universität Leipzig (2012), S. 1 [online].
[68] Universität Leipzig (2012), S. 1 [online].
[69] Stölzle/Heusler/Karrer (1994), S. 80.
[70] Vgl. Kortzfleisch (1971), S. 151f.

$$U_t = at^b e^{-ct} + dS_t$$

mit

U_t = Umsatz des Produktes

t = Periode im Lebenszyklus

S_t = Gesamtumsatz anderer Produkte des Unternehmens

a, b, c, d = Parameter

beschrieben werden kann."[71, 72]

Bei 12 der insgesamt 18 untersuchten Artikel ließ sich eine Substitutions- bzw. Partizipationswirkung anderer Produkte im Sortiment des Unternehmens nachweisen. Bei diesen Produkten war der Parameter d, welche ebendiese Wirkung zum Ausdruck bringen soll, größer als Null. Bei den restlichen 6 Produkten konnte jedoch kein Einfluss der restlichen Produkte aus dem Unternehmenssortiment nachgewiesen werden. Zur Schätzung der oben angeführten Funktion verwendete Brockhoff das Verfahren der nichtlinearen Regression von Marquardt und zur Bestimmung der Abweichung des Datenmaterials an den theoretischen Sollverlauf der Funktion jene der mittleren quadratischen Abweichung.[73]

Da die einzelnen Parameter a, b, c und d der Brockhoff-Funktion nicht klar definiert sind und im Rahmen dieser Studie nicht erhoben werden können, wird auf die Anwendung der Brockhoff-Funktion im weiteren Verlauf der Studie verzichtet. Stattdessen wird der Ansatz nach Solomon/Sandborn/Pecht weiterverfolgt.

2.5.6 Kolmogorov-Smirnov-Test (K-S-Test)

Um zu bestimmen, ob ein gemessener Produktlebenszyklusverlauf eines entweder noch aktiven Produktes oder eines Produktes, welches seinen Lebenszyklus bereits abgeschlossen hat, mit einem vorgegebenen idealtypischen Produktlebenszyklusverlauf übereinstimmt bzw. sich diesem annähert, bieten sich mehrere unterschiedliche statistische Mess- und Testmethoden an. Eine dieser mathematischen Testmethoden ist die bereits vorgestellte Regressionsanalyse. Eine weitere rechnerische Methode ist der sogenannte Kolmogorov-Smirnov-Test.

„Der Kolmogorov-Smirnov-Test (K-S-Test) überprüft, ob Daten aus einer vollständig bestimmten stetigen Wahrscheinlichkeitsverteilung stammen – zum Beispiel aus einer Stan-

---

[71] Kortzfleisch (1971), S. 151f.
[72] Vgl. Brockhoff (1967), S. 473ff.
[73] Vgl. Kortzfleisch (1971), S. 152f.

dardnormalverteilung."[74] Auf Basis unterschiedlicher Prämissen wird durch aufeinander aufbauende Rechenschritte überprüft, ob bzw. inwieweit eine IST Datenreihe mit einer SOLL Datenreihe übereinstimmt.

Da die Anwendung des K-S-Tests im Programm Microsoft Office Excel derzeit noch nicht durch Standardfunktionen unterstützt wird und die manuelle Erstellung der Berechnungen zum K-S-Test in Excel einen sehr hohen Aufwand bedeuten würden, wird auf die Anwendung dieses Tests in der weiteren Datenanalyse verzichtet. Stattdessen wird der Quantil-Quantil-Plot angewendet, welcher leicht durch die Standard-Excel-Funktionen erstellt werden kann. Der Quantil-Quantil-Plot liefert im Gegensatz zum rechnerischen K-S-Test ein grafisches Ergebnis, dessen Aussagefähigkeit jener des K-S-Tests jedoch in keinster Weise hinterher steht.

2.5.7 Quantil-Quantil-Plot

„Der QQ-Plot (Quantildiagramm, Quantil-Quantil-Plot) ist ein nützliches grafisches Tool, um schnell erkennen zu können, ob zwei Datensätze unterschiedliche empirische Verteilungen besitzen. Grundlage ist hierbei der Vergleich von empirischen Quantilen. (...) Konkret werden für ausgewählte Anteile p die p-Quantile des y-Datensatzes gegen die p-Quantile des x-Datensatzes aufgetragen. Im Idealfall, dass die Verteilungen der Datensätze übereinstimmen, ergibt sich die Winkelhalbierende. Unterschiede schlagen sich in Abweichungen von der Winkelhalbierenden nieder."[75] Unter einem Quantil einer Verteilung versteht man dabei nichts anderes als jenen Wert, der die aufsteigend geordnete Reihe von n Beobachtungswerten in einem bestimmten Verhältnis p zu (1 – p) in zwei Gruppen trennt. Man spricht hier allgemein auch vom p-Quantil.[76]

Das Ergebnis des Quantil-Quantil-Plots ist eine Punktwolke, die mit einer geraden Trendlinie verglichen wird. Je dichter die Punktwerte an der Trendlinie liegen, desto höher ist der Grad der angenommenen empirischen Verteilung der zugrunde liegenden Datenreihe. Die folgende Abbildung 7 zeigt das grafische Ergebnis eines Q-Q-Plots für das im Anhang angefügte Beispiel, wobei auf der x-Achse die Quartale der Beispieldatenreihe und auf der y-Achse die kumulierte Wahrscheinlichkeit der Normalverteilung der Stückzahlen pro Quartal aufgetragen sind. Rein grafisch lässt sich für die zu Grunde liegende Datenreihe eine positive Normalverteilung bestimmen.

---

[74] Duller (2008), S. 108.
[75] Steland (2010), S. 40.
[76] Vgl. Hagl (2008), S. 72.

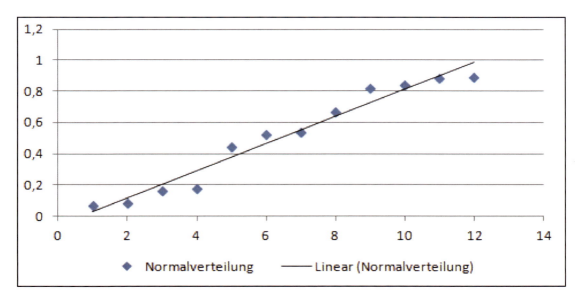

Abbildung 7: Beispielhafte Darstellung eines Quantil-Quantil-Plots

2.5.8 Ermittlung des Bestimmtheitsmaßes

„Das Bestimmtheitsmaß R^2 lässt sich als Quadrat des Korrelationskoeffizienten zwischen den beobachteten und den regressionsanalytisch geschätzten Werten der erklärten Variablen angeben, liegt also zwischen null und eins. (...) Ist der Wert des Bestimmtheitsmaßes nahe bei eins, wird dies häufig als Qualitätsmerkmal eines Regressionsansatzes verstanden."[77]

Anhand des Bestimmtheitsmaßes lässt sich somit eine Aussage über die Übereinstimmung einer IST-Kurve mit einer SOLL-Kurve treffen. In diesem Fall soll die Übereinstimmung des tatsächlich vorliegenden Verlaufes der Absatzkurve mit dem normalverteilten Zielverlauf der Absatzkurve bestimmt werden. Je dichter der Wert an eins liegt, desto höher ist die Übereinstimmung der beiden Kurvenverläufe. Vor Anwendung dieses Modells muss jedoch geklärt werden, ab welchem Wert des Bestimmtheitsmaßes man von einer positiven Normalverteilung der Datenreihe ausgehen kann. Entsprechend Martens würde sich die in Tabelle 4 dargestellte Einteilung des Bestimmtheitsmaßes anbieten.[78]

---

[77] Gabler (2012) [online].
[78] Vgl. Martens (2003), S. 201.

Assoziation	Zusammenhang
0	keiner
(0, 0.2)	sehr gering
(0.2, 0.5)	gering
(0.5, 0.7)	mittel
(0.7, 0.9)	hoch
(0.9, 1)	sehr hoch
1	total

Tabelle 4: Klassifizierung des Bestimmtheitsmaßes[79]

Aus Gründen der Übersichtlichkeit wird an dieser Stelle auf eine Darstellung der Berechnung des Bestimmtheitsmaßes verzichtet. Die Vorgehensweise zur Ermittlung des Bestimmtheitsmaßes wird jedoch im Anhang anhand eines Beispiels erklärt.

2.5.9 Vorhersage des weiteren Verlaufes des Produktlebenszyklus

Wie bei der Produktlebenszyklusanalyse bereits erwähnt, werden Analysen des Produktlebenszyklus tendenziell eher im Nachhinein durchgeführt. Die interessanteste Frage ist jedoch, wie der weitere Verlauf eines noch aktiven Produktlebenszyklus aussehen könnte.

Die bisher vorgestellten Verfahren lassen alle auf dieselbe Vorgehensweise schließen. Ausgehend von Referenzdaten und Vergangenheitswerten soll der zukünftige Zyklusverlauf eines ähnlichen Produktes abgeleitet werden können. Hierzu müssen aber mehrere Voraussetzungen erfüllt sein. Zunächst müssen die Rahmenbedingungen wie zum Beispiel primäre und sekundäre Attribute, Zielmarkt, Endapplikation, Marktumfeld, aber auch interne und externe Einflussfaktoren etc. so genau wie möglich definiert werden, um den Referenzzyklus genau zu kennen und damit auch bestimmen zu können, ob er als Referenz für ein bestimmtes Produkt überhaupt verwendet werden kann. Des Weiteren ist zu prüfen, ob dieser Referenzzyklus eine Normalverteilung entsprechend der Gaußschen Glockenkurve aufweist. Trifft dies zu, kann der Referenzzyklus anhand der Sigma-Grenzen in die einzelnen Phasen des Produktlebenszyklus unterteilt werden. Somit erhält man einen definierten und bestimmten Referenzzyklus. Dieser Referenzzyklus kann dann als Maßstab für ein aktives Produkt herangezogen werden. Zum einen erhält man eine Aussage darüber, inwiefern der bisherige Verlauf mit dem Referenzverlauf übereinstimmt, zum anderen erhält man aber auch eine

---
[79] Quelle: eigene Darstellung, in Anlehnung an Martens (2003), S. 201.

Aussage darüber, inwiefern die Planung, sprich der Forecast, mit dem zukünftigen SOLL-Verlauf übereinstimmt.

So einfach die grundsätzliche Idee auch klingt, so viele Schwierigkeiten und Herausforderungen hält sie parat. Zum einen muss ein sehr detailliertes Wissen und Erfahrung über Produkte, deren Eigenschaften und Märkte und Anwendungsbereiche jedes einzelnen Produktes im Unternehmen vorhanden sein. Je genauer die Abgrenzung und Einteilung sowohl der Referenz-, als auch der IST-Produktattribute passiert, desto höher ist die Wahrscheinlichkeit, dass die vorhandenen Daten als Referenz für ein neues Produkt dienen können. Zum anderen stellt sich aber auch die Frage, welche Produkte als Referenz für ein komplett neues Produkt herangezogen werden können. Will man den möglichen Zyklusverlauf für ein komplett neues Produkt oder eine Produktgruppe untersuchen, muss zunächst geklärt werden, welche andere Produktgruppe tendenziell am ehesten geeignet sein könnte. Grundsätzlich erhält man aber die geeignetsten Referenzdaten erst aus Produkten dieser neuen Produktgruppe. Sprich, je länger sich eine neue Produktgruppe oder Produkt am Markt befindet, desto mehr „geeignete" Referenzdaten können gesammelt werden und desto höher wird die Aussagefähigkeit des Referenzzyklus über die Zeit werden.

Die folgende Abbildung 8 soll eine Idee für die Vorgehensweise liefern. Die blaue durchgehende Kurve stellt den Referenzzyklusverlauf entsprechend der Normalverteilung dar. Die pinken Punktwerte stellen den bisherigen Zyklusverlaufes des zu analysierenden Produktes dar. Die grünen Dreieckswerte stellen den geplanten weiteren Produktlebenszyklusverlauf laut Forecast des Unternehmens dar.

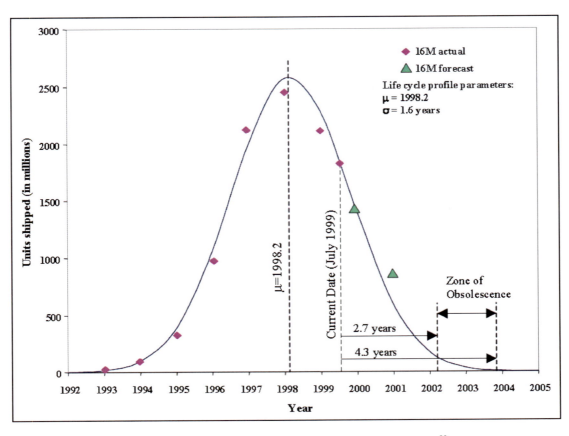

Abbildung 8: Beispiel für die SOLL/IST-Lebenszyklusanalyse[80]

2.6 Berücksichtigung der Produktlebenszyklustheorie im Bestandsmanagement

2.6.1 Aufgaben und Ziele des Bestandsmanagements

Wie eingangs bereits erwähnt stehen vor allem produzierende Unternehmen vor dem Problem trotz dynamischer Wettbewerbssituationen und kurzer Produktlebenszyklen hohe Flexibilität bei der Erfüllung des Kundenbedarfes an den Tag legen zu müssen. Bis in die zweite Hälfte des 20. Jahrhunderts galten hohe Bestände noch als Garant für eine hohe Flexibilität und somit den Fortbestand des Unternehmens. Vor allem im Bereich der Elektrotechnik und hier speziell in der Halbleiterindustrie zeigen sich eine Zunahme des Komplexitätsgrades der Produkte und eine Verkürzung der Produktlebenszyklen.[81] Hohe Bestände bedeuten somit aber auch gleichzeitig ein enormes Risiko und eine hohe Kapitalbindung. Optimiertes Bestandsmanagement nimmt daher eine wichtige Rolle im Unternehmen ein, da es eine Reduzierung dieses Risikofaktors unterstützen kann.

---

[80] Quelle: Solomon/Sandborn/Pecht (2000), S. 8.
[81] Vgl. Henzler (1988), S. 468.

Der Begriff Bestandsmanagement lässt sich dabei in diesem Zusammenhang wie folgt definieren. Das Bestandsmanagement verfolgt die Klassifikation, Planung, Steuerung und Kontrolle von Beständen innerhalb von Logistikprozessen. Unter Beständen werden dabei die Bestände an Roh-, Hilfs- und Betriebsstoffen, sowie die unfertigen und fertigen Erzeugnisse entlang der gesamten Logistikkette des Unternehmens verstanden.[82]

Darüber hinaus untersucht das Bestandsmanagement die Motive für eine Bestandshaltung und hält Ausschau nach Instrumenten um bestandsverursachende Rahmenbedingungen verändern zu können. Im Fokus steht dabei nicht in erster Linie eine Senkung des absoluten Bestandes bzw. der Kosten, die dieser verursacht, sondern viel eher die Erreichung des optimalen Bestandslevels auf den jeweiligen Lagerpunkten des Unternehmens. Dabei müssen unterschiedliche Kosten wie Transport-, Bestellabwicklungs- und Prüfkosten, aber auch die Kostenersparnis durch geringe Bestandshöhen berücksichtigt werden. Der optimale Bestand trägt den Kosten- und Leistungskonflikten zur Erreichung einer optimalen Lieferbereitschaft und -treue Rechnung und berücksichtigt auch die Alternativen und deren Kosten, um eine höchstmögliche Lieferzeit und Liefertreue zu gewährleisten.[83,84]

Bestände können aber auch als Puffer verstanden werden, welchen den zeitlichen und mengenmäßigen Versatz zwischen den Zu- und Abflüssen der Güter ausgleichen. Diese Puffer können an den unterschiedlichsten Stellen im Unternehmen entstehen und zu unterschiedlichen Zwecken verwendet werden. Durch die Positionierung an unterschiedlichen Stellen im Unternehmen kann es aber auch dazu kommen, dass sie unterschiedliche, teils in entgegengesetzte Richtungen wirkende Ziele verfolgen. Oberste Priorität bleibt dabei jedoch immer die optimale Versorgung der internen und externen Kunden entlang der Supply Chain und somit die Vermeidung von Fehlmengenkosten. Hier muss jedoch zur Kenntnis genommen werden, dass sich weder Fehlmengenkosten noch Bestandskosten vollständig vermeiden lassen. Eine Bestands- und somit gleichzeitige Kostenreduktion in einem Unternehmensbereich kann zu Fehlmengenkosten in einem anderen Bereich führen. Daraus abgeleitet ergibt sich eine weitere Zielsetzung des Bestandsmanagements, nämlich die Koordination aller Teilbereiche eines Unternehmens und der Interessensausgleich zwischen diesen Bereichen, um eine ganzheitliche Planung und Kontrolle von Beständen zu erreichen.[85, 86]

Ein zu niedriges Bestandsniveau führt zu Fehlmengenkosten und schadet so dem Unternehmen hinsichtlich seines weiteren Wachstumes. Genauso können aber auch zu hohe

---

[82] Vgl. Stölzle/Heusler/Karrer (2004), S. 29.
[83] Vgl. Melzer-Ridinger (2007), S. 117.
[84] Vgl. Beyer u.a. (2010), S. 3f.
[85] Vgl. Stölzle/Heusler/Karrer (2004), S.30f.
[86] Vgl. Fischer (2008), S. 10f.

Bestandsniveaus neben der hohen Kapitalbindung eine ganze Reihe weiterer Probleme verdecken und bergen somit Potentiale für Verbesserungen. Die folgende Abbildung 9 soll Beispiele für verdeckte Probleme aufzeigen, denen sich ein Unternehmen dann überraschend stellen muss, wenn das Bestandsniveau unvorhergesehen absinkt.

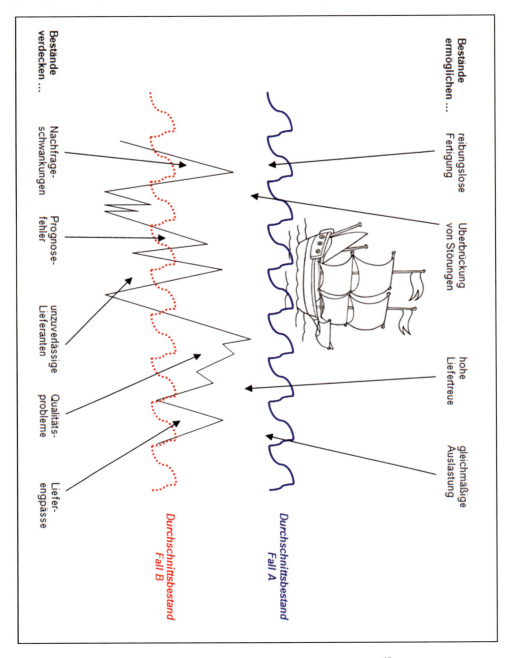

Abbildung 9: Durch Bestände verdeckte Probleme[87]

---

[87] Quelle: eigene Darstellung, in Anlehnung an Christopher (1998), S. 185.

Die Festlegung und Erreichung eines optimalen Bestandslevels stellt somit eine besondere Herausforderung für jedes Unternehmen dar.

2.6.2 Bedarfs- und Bestandsplanung als Schlüsselelemente für das Bestandsmanagement

Die Planung nimmt generell einen hohen Stellenwert in einem Unternehmen ein. Anhand dieser sollen zukünftige Ereignisse vorweggenommen und daraus die zu setzenden Schritte abgeleitet werden.

Die Bestandsplanung befasst sich mit der Festlegung operationaler Bestandsziele, mit der Suche nach möglichen Lösungswegen und der Determinierung der dafür erforderlichen Ressourcen. Dabei steht die Planung der Lagerbestände im Vordergrund. Aufgaben der Bestandsplanung sind die Bedarfsplanung, die Bestandssteuerung im Sinne von Bestellmengen und –zeitpunkten, sowie die Planung der benötigten Sicherheitsbestände. Die Bedarfsplanung legt dabei fest, welche Produkte in welchen Mengen in einem bestimmten Zeitraum benötigt werden. Dafür muss vor der finalen Bedarfsermittlung eine Klassifikation der unterschiedlichen Bedarfsarten erfolgen. Die anfallenden Bedarfe sind gleichzusetzen mit potentiellen Quellen für das Entstehen von Beständen. Zur Ermittlung dieser Bedarfe stehen unterschiedliche Methoden zur Verfügung. Die Bedarfsermittlung kann entweder marktorientiert, deterministisch (d.h. programmorientiert), stochastisch (d.h. verbrauchsorientiert), oder aber durch subjektive Schätzung erfolgen. In der Praxis erfolgt häufig eine Kombination oder ein paralleler Einsatz der unterschiedlichen Verfahren. Eine Trennung dieser ist somit nicht immer einfach. Welche Verfahren sich für das jeweilige Unternehmen besonders eignen, hängt zudem auch von der zu Grunde liegenden Bedarfsart und –kategorie ab.[88]

Gerade in Bezug auf die Bedarfsermittlung kommt nun der Produktlebenszyklustheorie eine besondere Bedeutung zu. Sofern sich für ein Produkt, eine Produktgruppe oder ein ähnliches Aggregationsniveau ein spezifischer Lebenszyklusverlauf bestimmen ließe, würde dies erheblichen Einfluss auf die Planung nehmen und diese vereinfachen. Eine genauere Prognose der zu erwartenden Absatzmengen und daraus resultierend eine Optimierung der Bestände entlang der Supply Chain eines Unternehmens wäre das Ergebnis. Darüber hinaus könnten die zu wählende Produktionsstrategien (Make-To-Stock, Make-To-Order, etc.) und die jeweiligen Sicherheitsbestände entlang der Supply Chain abgeleitet und eine Verbesserung des Bestandsmanagements im Allgemeinen erzielt werden.

---

[88] Vgl. Stölzle/Heusler/Karrer (2004), S. 60ff.

2.6.3 Besondere Herausforderungen des Bestandsmanagement eines Halbleiterherstellers

Die Lieferkette eines Halbleiterherstellers ist im Vergleich zu anderen produzierenden Unternehmen besonders komplex. Dies beginnt bereits beim eigentlichen Herstellungsprozess und setzt sich in weiteren Bereichen wie Aufbau der Supply Chain und Lagerungsstruktur, Haltbarkeitsdauer der unterschiedlichen Produkte, Bedarfs- und Bestandsplanung, Produktvielfalt, etc. fort.[89]

Die folgenden Punkte sind unter anderem charakteristisch für die Halbleiterindustrie und müssen bei einer Betrachtung des Bestandsmanagements in dieser Branche besondere Berücksichtigung finden.

- **Produktionsprozess**

    Die Herstellung eines Halbleiters ist ein komplexer Prozess, welcher von der Züchtung von Silizium-Kristallen, der Produktion von Siliziumwafern auf welchen zu einem späteren Zeitpunkt Integrierte Schaltkreise (ICs) hergestellt werden, bis hin zum eigentlichen Aufbringen und Verlöten der Chips in das finale Modul oder die finale Applikation reicht. Typischerweise lautet die Abfolge des Kernproduktionsprozesses vom Wafer zum Bauelement zum Modul zur Leiterplatte/Endapplikation.[90] Dabei wird der Produktionsprozess in einen Front End und einen Back End Prozess unterteilt. Der Front End Prozess reicht vom Start der rohen Siliziumscheibe bis hin zu deren Fertigstellung. Dazwischen werden in sich wiederholenden Schleifen einzelne Schichten aufgetragen und wieder entfernt bis eine dreidimensionale Landschaft, der eigentliche Chip, entsteht. Abhängig vom Aufbau des Chips können so dreihundert und mehr Prozessschritte erforderlich sein. Je nach Chipgröße kann eine Scheibe ein paar wenige bis zu mehreren hunderttausenden Chips enthalten. Der Back End Prozess reicht dann von der Separation der einzelnen Chips auf den Scheiben bis zu deren Einbau im fertigen Modul. Dieser komplexe Produktionsprozess stellt eine Besonderheit der Halbleiterindustrie dar und dessen gesamte Auswirkungen müssen bei allen Entscheidungen beachtet werden.

- **Durchlaufzeiten**

    Bedingt durch den komplexen Produktionsprozess und die vielen hundert Prozessschritte ergeben sich so auch entsprechende Durchlaufzeiten von einem Lagerpunkt bis zum nächsten. Je nach Chipaufbau kann die FE Durchlaufzeit 6 bis 14 Wochen betragen. Die BE Durchlaufzeit hängt ebenfalls stark vom jeweiligen zu erzeugenden

---

[89] Vgl. Fordyce u. a. (2011), S. 313ff.
[90] Vgl. Kempf/Keskinocak/Uzsoy (2011) S. 325.

Bauelement ab und beträgt im Schnitt 2 bis 4 Wochen. Hinzu kommen dann noch weitere benötigte Zeitspannen wie Transitzeiten, Zeiten für Zwischenlagerung, etc. Die Gesamtlieferzeit für ein fertiges Bauelement kann somit auch über ein halbes Jahr betragen. Somit muss der bestellende Kunde heute bereits wissen, welchen Bedarf er in einem halben Jahr haben wird. Bestandsmanagement, Lebenszyklusplanung, etc. stehen hier somit besonderen Rahmenbedingungen gegenüber, welche eine exakte Determinierung in dieser Branche komplexer und schwieriger als in anderen Industriezweigen macht.

- **Losgrößen**

„Losgröße ist ein fertigungstechnischer Begriff und gibt die Menge einer Charge, Sorte oder Serie an, die hintereinander ohne Umschaltung oder Unterbrechung der Fertigung hergestellt wird."[91] Sowohl im FE als auch im BE Produktionsprozess gibt es bei einem Halbleiterhersteller unterschiedliche Losgrößen. Während im FE die Losgröße meist 25 bzw. 50 Wafer (= Scheiben) eines Grundtyps beträgt, gibt es im BE je nach Modulart unterschiedliche Losgrößen, welche von 2.400 Stück eines Endproduktes bis hin zu 25.000 Stück oder mehr betragen können. Auch wenn ein Kunde lediglich einen Wafer eines FE Grundtypes oder ein paar hundert Stück eines fertigen BE Erzeugnisses benötigt, muss immer eine gesamte Losgröße im Produktionsprozess gestartet werden, um gleichzeitig auch eine gewisse Auslastung des extrem teuren Equipments zu gewährleisten. Dies kann im Umkehrschluss aber auch zu sehr hohen Überbeständen führen, wenn eine gesamte Losgröße produziert wird, jedoch nur ein Teil davon verkauft wird. Die richtige Balance zwischen Bedarf und zu startenden Produktionsmengen muss also gefunden werden. Hier ist es ratsam Mindestbestellmengen mit den Kunden zu vereinbaren. Diese Mindestbestellmengen sollten sich dabei an den Losgrößen orientieren, müssen mit diesen jedoch nicht übereinstimmen.

- **Startprodukte, Die Bank-Produkte, Distribution Center-Produkte vs. Massenprodukte und kundenspezifische Produkte**

Der Halbleitermarkt kann in unterschiedliche Dimensionen eingeteilt werden. Zum einen in eine bestimmte Produktkategorie. Hier unterscheidet man generell kundenspezifische Produkte, welche speziell nach Kundenwünschen produziert werden, und Massenware, Standardprodukte der Industrie, welche keine besondere Ausprägung besitzen. Zum anderen kann eine Unterteilung aber auch nach der Vorratshaltung bzw. Vorproduktionsfähigkeit stattfinden. Sprich, gewisse Produkte müssen jedes Mal

---

[91] Witherton (2012a) [online].

von Grund auf neu produziert werden. Diese nennt man Startprodukte. Andere Produkte können aber bereits bis zu gewissen Vorratspunkten entlang der Supply Chain produziert werden, und werden nach Eintreffen einer spezifischen Kundenbestellung fertigproduziert. Kundenspezifische Produkte müssen dabei zumeist von Beginn an neu produziert werden, während die Massenware meist direkt bis zum finalen Auslieferlager vorproduziert werden kann. Kundenspezifische Produkte unterliegen dabei meist auch höheren Nachfrageschwankungen als Massenware.

Die Nachfrage und Bestandsplanung gestaltet sich in einer solch vielfachen Unterteilung auch dementsprechend schwer. Bei der Untersuchung des Produktlebenszyklus müssen diese Attribute bei der Kategorisierung der Produkte berücksichtigt werden.

- **Variantenvielfalt**

Kundenseitig werden immer individuellere Adaptionen der Produkte gefordert. Die Hersteller führen dabei kundenspezifische Änderungen am Produkt durch und man erhält dadurch mehrere Varianten desselben Produktes. Im Extremfall lässt dies die erzeugten Güter zu Unikaten werden. Mit der Zunahme der Variantenvielfalt steigt auch die Anzahl der unterschiedlichen Endprodukte, Baugruppen, Einzelteile und Rohmaterialien. Dieser Anstieg hat auch weitreichende Konsequenzen in allen anderen betrieblichen Bereichen. Eine genaue Prognose des periodenbezogenen Primärbedarfes ist nur noch schwer möglich. Die Losgrößen sinken und gleichzeitig steigen auch die Rüstkosten. Der geringere Wiederholungsgrad führt zu eingeschränkter Wirksamkeit des Lernkurveneffekts, zu Qualitätseinbußen und zur Zunahme von Nacharbeit und Ausschuss. Die Komplexität des Produktionssystems steigt und gleichzeitig nimmt die Transparenz ab. Damit steigt auch der Planungs- und Steuerungsaufwand.[92] In der Halbleiterindustrie führen sowohl Änderungswünsche von Kundenseite, als auch produktionsbedingte Variantenbildungen zu einer hohen Variantenvielfalt. Eine genaue Volumenplanung ist daher sehr komplex und auch nur bedingt möglich.

- **Unterschiedliche Haltbarkeitsdauer auf den Lägern**

Dass gewisse Produkte einer begrenzten Haltbarkeitsdauer unterliegen ist jetzt im ersten Moment nichts Besonderes, muss jedoch in einer Bestandsplanung dementsprechend berücksichtigt werden. Lebensmittel, Arzneimittel und ähnliches unterliegen einem Ablaufdatum. Dies gilt aber auch genauso für Halbleitererzeugnisse. Die Haltbarkeitsdauer hängt von den verwendeten Materialien und dem Grad der Fertigstellung des Produktes ab. So werden die Wafer eines Produktes zum Beispiel zwi-

---

[92] Vgl. Hinterberger (2002), S. 1f.

schen FE und BE Fertigungsprozess gesägt, um die einzelnen Chips auf einem Wafer zu separieren. In gesägtem Zustand sind die Chips sechs Monate haltbar, dies hängt u.a. mit der verwendeten Folie zusammen, die bei diesem Prozessschritt aufgebracht wird. Die Haltbarkeit eines fertigen Erzeugnisses am Auslieferlager beträgt zwischen 12 und 24 Monaten, etc. Wird nun Ware zum Beispiel auf Forecast produziert und tritt der Kundenbedarf dann nicht ein, steht der Hersteller dem potentiellen Verwurf der Ware gegenüber, sofern diese nicht innerhalb der Haltbarkeitsdauer anderweitig verkauft werden kann. Die unterschiedlichen Haltbarkeitsdauern müssen daher unbedingt in der Planung berücksichtigt werden.

- **Kostenanstieg durch Veredelungsprozess**

    Dass durch die fortgeschrittenen Produktionsstufen entlang der Supply Chain auch die Kosten des einzelnen Produktes ansteigen ist ebenfalls keine große Besonderheit der Halbleiterindustrie. Jedoch muss auch dieser Punkt hinsichtlich des Bestandsmanagements Berücksichtigung finden. Wird Ware unnötig weiterveredelt wenn sie auch auf einer früheren Lagerstufe zwischengelagert werden könnte, bedeutet dies eine höhere Kapitalbindung für das Unternehmen. So kann sich zum Beispiel auch die Frage stellen, was mit Lagerbestand auf einem Zwischenlager passieren soll, dessen Ablaufdatum näher rückt. Veredelt man diesen Zwischenlagerbestand weiter und verlängert somit auch automatisch die Haltbarkeitsdauer und geht das Risiko ein die weiterveredelte Ware zu einem späteren Zeitpunkt auf Grund fehlender Nachfrage verwerfen zu müssen, oder muss die Ware noch auf dieser Lagerstufe verworfen werden, um nicht noch mehr Kosten für das Unternehmen zu erzeugen.

2.6.4 Rückschlüsse aus dem Produktlebenszykluskonzept für das Bestandsmanagement

Welche Rückschlüsse können nun aus der Theorie des Produktlebenszyklus für das Bestandsmanagement eines Halbleiterherstellers gezogen werden?

Grundsätzlich weist der Produktlebenszyklus entsprechend der vorgestellten Theorie einen phasenförmigen Verlauf auf, welcher, ungeachtet der Anzahl und Bezeichnungen der einzelnen Phasen, zu Beginn einen schwachen Verlauf der Absatz- oder Umsatzkurve aufweist, gefolgt von Phasen eines starken Anstieges, eines Einpendelns auf hohem Niveau und anschließendem stärkeren oder schwächeren Abfall dieser Kurve bis das Ende des Lebenszyklus erreicht wird. Daraus lässt sich ableiten, dass auch das Bestandsmanagement eines Produktes nicht eine einzige allgemeingültige Strategie von Beginn bis Ende dieses Zyklus verfolgen kann, sondern eine auf die Charakteristika jeder Phase separat abgestimmte Bestandsstrategie entwickeln und verfolgen muss.

Da die Dauer der einzelnen Phasen ebenfalls variiert, muss die jeweilige Strategie des Bestandsmanagement die notwendige Flexibilität an den Tag legen, um diese unterschiedlichen Zeitspannen gleichermaßen bewältigen zu können.

Ein weiterer Rückschluss ist, dass eine solche phasenbezogene Bestandsstrategie nicht erst mit Eintritt in die jeweilige Phase beginnen kann, sondern auf Grund der Rahmenbedingungen der Halbleiterindustrie, wie zum Beispiel Losgrößen und Durchlaufzeiten, bereits in der jeweils vorhergehenden Phase vorbereitet und eingeleitet werden muss. So kann eine steile Wachstumsphase mit einem raschen Anstieg der Kundenbedarfe nicht ohne entsprechenden Vorlauf bewältigt werden. Zum einen würden dies wahrscheinlich die jeweiligen Gesamtdurchlaufzeiten der Produkte nicht zulassen, zum anderen wird der Produzent höchstwahrscheinlich auch nicht über die dafür benötigten Kapazitäten der Produktionsanlagen verfügen. Als hoher limitierender Faktor muss hier berücksichtigt werden, dass bei der Anschaffung neues Halbleiterequipments mit sehr hohen Lieferzeiten von sechs bis weit über zwölf Monaten gerechnet werden muss.

Dies führt zum Punkt der mittel- und langfristigen Planung. Neuanschaffungen von Produktionsequipment und der Ausbau der Fertigungskapazitäten basieren immer auf entsprechender Forecast Planung. Genauso wie die Kunden in der Halbleiterindustrie auf Grund der langen Durchlaufzeiten wissen müssen, welchen Bedarf sie in mehreren Monaten bedienen werden müssen, müssen die Halbleiterproduzenten selbst ebenfalls wissen, welche Kapazitäten sie im nächsten Jahr benötigen werden, um das entsprechende Equipment zu bestellen bzw. Verträge mit entsprechenden Auftragsfertigern einzugehen. Eine akkurate und belastbare Planung ist somit Grundlage aller dieser Prozesse. Diese Planung beruht in den meisten Fällen jedoch auf der voraussichtlichen Planung der jeweiligen Kunden und weiterer Adaptionen durch die unternehmenseigenen Marketing- und Verkaufsabteilungen. Sofern sich auf Grund empirischer Datenanalyse entsprechende Produktlebenszyklen nachweisen lassen, können diese die bisherige Planung unterstützen bzw. teilweise sogar ablösen.

Was jedoch nicht abgelöst werden kann, ist eine Berücksichtigung der internen und externen Einflüsse, welche auf den Lebenszyklus eines Produktes wirken. Dies führt uns zum nächsten Rückschluss. Sofern das Modell des Produktlebenszyklus stärkere Berücksichtigung in der Planung eines Unternehmens findet, muss zukünftig mehr Gewicht auf die Einschätzung und Berücksichtigung der sowohl internen, als auch externen Einflüsse gelegt werden. Ein entsprechendes Modell müsste diese Effekte in der Zyklusprognose berücksichtigen können. Inwiefern eine Trennung von Zyklusverlauf und den jeweils darauf wirkenden Einflüssen durchgeführt werden kann und somit die Einführung von neuen Parametern in die Zyklusanalyse vollzogen werden kann, konnte bisher nicht geklärt werden.

2.7 Zusammenfassung theoretischer Teil

Die Literaturrecherche hat folgendes Ergebnis gebracht. Das Modell des Produktlebenszyklus besagt, dass ein Produkt während seiner Lebensdauer einen bestimmten Verlauf von Umsatz- und Absatzmenge aufweist. Dieser Kurvenverlauf lässt sich in eine bestimmte, je nach Autor unterschiedliche, Anzahl an Phasen mit bestimmten, ebenfalls je nach Autor unterschiedlichen, Bezeichnungen unterteilen. Die Idealform für elektronische Bauelemente ist die sogenannte Normalverteilung oder Gaußsche Glockenkurve. Anhand dieses Referenzkurvenverlaufes lässt sich der weitere Zyklusverlauf eines noch aktiven Produktes prognostizieren.

Trotz einer umfassend diskutierten Berechtigung dieses Konzeptes gibt es aber auch einige Kritik an diesem Modell. Diese reicht von einer fehlenden Allgemeingültigkeit des Modells, über fehlende Möglichkeiten Dauer und Verlauf des Zyklus prognostizieren zu können (was durch die Annahme eines normalverteilten Zyklusverlaufes ausgeschlossen werden soll), bis hin zum Fehlen konkreter Resultate und verbindlicher Prognosen.

„Die Kritik hat bis zu einem gewissen Grad ihre Berechtigung. In der Praxis wird der PLZ jedoch nicht als einziges Konzept für die Gestaltung von Marketingprogrammen eingesetzt, sondern vor allem im Zusammenspiel mit anderen Instrumenten verwendet. Das PLZ-Konzept kann in der Analyse von Produkt- und Marktdynamik keine konkreten Zahlen und verbindlichen Resultate liefern. Es kann aber durchaus interessante Trends und Tendenzen aufzeigen. Auch wenn man es als Planungsinstrument verwendet, zeigt es die wichtigsten Aufgaben für das Marketing in den Zyklusphasen und liefert somit Hinweise auf strategische Alternativen des Unternehmens. Als Kontrollinstrument ist es erst nutzbar, wenn man Vergleichsdaten mit ähnlichen oder früheren Bezugsgrößen hat. Als Prognoseinstrument ist das PLZ-Konzept kaum brauchbar, da die einzelnen Zyklusphasen nicht vorhersehbar sind und zudem durch die Aktivitäten des Marketings beeinflusst werden."[93] „Zusammenfassend lässt sich sagen: Trotz der berechtigten Kritik an diesem Modell gibt die Produktlebenszyklusanalyse gute Hinweise auf das Marktgeschehen und kann bei der Produktpolitik, bei der Programmvielfalt oder bei der Produkteliminierung benutzt werden."[94]

Hinsichtlich des Bestandsmanagements lässt sich zusammenfassen, dass das Bestandsmanagement erhebliche Potentiale birgt im Unternehmen gebundenes Kapital zu optimieren. Dabei muss jedoch immer die Balance zwischen Kostenreduktion und hoher Lieferbereitschaft gefunden werden. Wesentlicher Input des Bestandsmanagements ist die Planung in all ihren Ausprägungen. In Hinblick auf die Halbleiterindustrie gilt es jedoch die speziellen

---

[93] Michel (2009), S. 117.
[94] Uhe (2002), S. 56.

Rahmenbedingungen dieser Industriesparte zu berücksichtigen. In Bezug auf mögliche Rückschlüsse aus der Produktlebenszyklustheorie hinsichtlich des Bestandsmanagements lässt sich schlussfolgern, dass sofern ein bestimmter Zyklusverlauf für die Produkte eines Halbleiterproduzenten determinieren ließe, dies zur Optimierung des Bestandsmanagements führen würde. Dies würde jedoch eine auf die jeweilige Phase des Lebenszyklus maßgeschneiderte Bestandsstrategie bedingen.

3 Experteninterviews

Die Experteninterviews stellen den ersten Teil des empirischen Abschnittes dieser Untersuchung dar und dienen auch zur Vorbereitung der darauf folgenden Erhebung und Analyse von firmeninternem Datenmaterial der Firma Infineon Technologies AG.

Ziel der Experteninterviews ist die Betrachtung der Themengebiete Produktlebenszyklus und Bestandsmanagement in der Halbleiterindustrie aus mehreren unterschiedlichen Sichtweisen. Als Interviewpartner werden Mitarbeiter der Firma Infineon Technologies Austria AG mit mehrjähriger Berufserfahrung im Bereich der Halbleiterbranche im Allgemeinen und in deren jeweiligem Spezialgebiet im Besonderen herangezogen. Die Schnittmenge der Experteninterviews liefert somit die Einschätzung der Themengebiete Produktlebenszyklus und Bestandsmanagement in der Praxis und dient gleichzeitig auch als Entscheidungshilfe für eine Rasterung von Produkten für eine spätere Datenerhebung.

Die Interviews werden alle mit Hilfe eines vorgefertigten Interviewleitfadens durchgeführt. Der Leitfaden unterteilt sich in die vier Bereiche Allgemeines, Produktlebenszyklus, Bestandsmanagement und Abschluss, welche sich dabei aus offenen und geschlossenen Fragen zusammensetzen. Anhand der geschlossenen Fragen erhält man vergleichbare Werte im Verlauf des Interviews. Durch die offenen Fragen entsteht eine neutrale Gesprächsebene, welche den Interviewpartner einlädt, so viel wie möglich zu einer Frage zu erzählen. Durch die somit aufgebaute Gesprächssituation können auch Informationen erhoben werden, welche durch geschlossene Fragen eher nicht angesprochen werden würden. Der Leitfaden an sich gibt dem Interviewer die Möglichkeit das Interview trotz der offenen Fragen in eine bestimmte Richtung zu lenken und so den Gesprächsverlauf zu steuern.

Der Interviewleitfaden wurde im Anhang beigefügt.

3.1 Interviewpartner

Im Zuge der Experteninterviews wurden sieben Experten aus den folgenden Unternehmensbereichen interviewt:

- Forecasting and Planning
- Supply Chain Management and Global Logistics Planning
- Ramp Up and Change Management
- Supply Chain Innovations

- Application Marketing (Power Management and Multi Market)
- Product Line Management (Low Voltage Power Conversion)
- Product Line Management (Discrete IGBTs and Chip Business)

3.2 Analyse der Ergebnisse

Grundsätzlich ist das Modell des Produktlebenszyklus den Interviewten bekannt und beschreibt nach eigenen Aussagen den Verlauf eines Produktes von der ersten Idee bis zu jenem Zeitpunkt, in dem es wieder vom Markt genommen wird. Somit deckt sich die Einschätzung der Befragten im Allgemeinen mit den Ergebnissen der Literaturrecherche. Dieses Modell lässt sich nach Aussage aller befragten Experten auch in der Halbleiterindustrie anwenden, da generell eine ähnliche Abfolge von Zyklusphasen auch in dieser Branche zu beobachten ist. Gleichzeitig waren sich aber auch alle Befragten darüber einig, dass es nicht einen einzigen Produktlebenszyklusverlauf gibt, welcher für alle Produkte der Halbleiterindustrie Allgemeingültigkeit besitzt, sondern dass der Verlauf des Lebenszyklus von mehreren Faktoren abhängig ist und somit von Produkt zu Produkt variiert. Die Einflussfaktoren auf den Lebenszyklus sind dabei die Technologie, welcher das Produkt zuzuordnen ist, der oder die Märkte auf welchen das Produkt angeboten wird, die Endapplikation in welcher das Produkt zum Einsatz kommt, die Anzahl der Wettbewerber im Markt, der Innovationsgrad des Produktes, die Preisstrategie welche vom Unternehmen über die Lebensdauer des Produktes verfolgt wird, der Geschäftstyp welchem das Produkt zuzuordnen ist (kundenspezifisch, semi-kundenspezifisch oder Massenprodukt), aber auch gezielte strategische Entscheidungen des Unternehmens (hier speziell von Seiten des Marketings), welche den Produktlebenszyklus aktiv beeinflussen, wie zum Beispiel der Zeitpunkt ab welchem ein Nachfolgeprodukt entwickelt wird, welche Märkte zukünftig noch bedient werden möchten, etc. Daher wird vor einer Analyse von Produkten der Infineon Technologies AG auch eine Kategorisierung der Produkte anhand der oben genannten Merkmale notwendig sein.

Im Zuge der Interviews kristallisierte sich auch heraus, dass der Verlauf des Produktlebenszyklus nicht wie zunächst angenommen die Entscheidungen des Unternehmens, sondern viel eher umgekehrt, die Entscheidungen des Unternehmens, und hier speziell jene des Marketings, den Verlauf des Produktlebenszyklus beeinflussen. Vor allem die Vertreter von Applikations- und Produktmarketing gehen hier davon aus, dass auf Basis von Wettbewerbsanalysen und der eigenen Innovationskraft des Unternehmens gezielte Entscheidungen hinsichtlich der Produktpolitik getroffen werden. Dies setzt natürlich aber auch voraus, dass jeder Mitarbeiter im Marketing sein Produktportfolio genauestens kennt und auch in etwa einschätzen kann, in welcher Phase sich seine Produkte aktuell befinden.

Das Modell des Produktlebenszyklus wird derzeit nicht in der im Literaturteil dieser Studie beschriebenen speziellen Form bei Infineon eingesetzt. Wohl aber wird die Grundidee des Modells bei Entscheidungen berücksichtigt und es gibt ein firmeninternes Modell, welches auf der Theorie des Produktlebenszyklus basiert – die so genannte Meilensteinplanung für den Produktentwicklungs-Prozess.[95] Dieser beschreibt unterteilt in elf sogenannte Meilensteine den Prozess von der Produktidee bis zum Ramp-Down eines Produktes. Meilenstein 3 (M3) steht dabei zum Beispiel für die Projektfreigabe. Um diesen Meilenstein zu erlangen, müssen gewisse Vorbedingungen erfüllt werden. M8 steht für die Produktionsfreigabe und M9 für die Lieferfreigabe an die Kunden. Die offizielle Darstellung der Meilensteinplanung endet jedoch bereits mit M10, der sogenannten Massenproduktion. M11 wird als Ramp-Down bzw. dem so genannten EOL-Stadium betrachtet, ist jedoch in der Meilensteinübersicht nicht definiert und wird laut Aussage der Interviewpartner intern auch nur selten vergeben. Die Meilensteinplanung orientiert sich dabei also nicht am Produktlebenszyklus Modell nach Levitt oder Solomon/Sandborn/Pecht, sondern legt mit den Meilensteinen 1 bis 8 einen klaren Fokus auf die Vor-Lebenszyklusphasen, wie sie zum Beispiel von Schmalholz oder Ziebart[96] beschrieben werden.

Die Meilensteine 9 bis 11 stellen in diesem Konzept die eigentlichen Lebenszyklusphasen dar, sind jedoch nicht final determiniert und werden in der Praxis auch nicht vollständig überprüft und angepasst. Eine Betrachtung des Produktlebenszyklus anhand der Meilensteinplanung von Infineon wird somit vom Autor als nicht zielführend eingestuft und in weiterer Folge auch nicht weiterverfolgt.

Wie der Name bereits aussagt, untersucht das Modell des Produktlebenszyklus den Lebenszyklus von Produkten. Hierzu ist es aber notwendig zu wissen, was unter einem Produkt verstanden wird. Beim Halbleiterhersteller Infineon gibt es unterschiedliche Ebenen von Produkten. Zum einen kann unter dem Begriff Produkt ein in der so genannten Front-End (FE) Fertigung hergestellter Wafer betrachtet werden, auf welchem sich die einzelnen Chips eines Grundtyps (Basic Type) befinden. Der Geschäftsbereich Bare Die Business verkauft und liefert diese Wafer in gesägter und ungesägter Form an unterschiedliche Kunden in den drei Regionen Europa, Asien und Nordamerika. Somit könnte unter einem Produkt ein einzelner Wafer eines Grundtyps verstanden werden. Zum anderen werden aber auch halbfertige Erzeugnisse an Joint Ventures mit anderen Technologieunternehmen geliefert. Auch diese halbfertigen Erzeugnisse wären eine mögliche Ausprägung eines Produktes. Diese beiden Ebenen sind jedoch vernachlässigbar im Vergleich zur Produktions- und Verkaufsmenge der einzelnen elektronischen Bauelemente. Diese einzelnen elektronischen

---

[95] Eine schematische Darstellung des Modells findet sich im Anhang.
[96] Vgl. Tabelle 1.

Bauelemente können aber bei verschiedenen Endkunden in unterschiedliche Endanwendungen verbaut werden und müssen somit auch immer im Zusammenhang der drei Dimensionen Chip (Grundtyp, Ergebnis der FE Produktionsschritte), Package (Grundtyp verbaut in unterschiedlichen Gehäuseformen, Ergebnis der BE Produktionsschritte) und Applikation (Endanwendung in der das Package verbaut wird) betrachtet werden. Somit wird in Hinblick auf die Zielsetzung dieser Studie ein elektronisches Bauelement, ein so genanntes Verkaufsprodukt, als Produkt definiert.

Wie bereits oben erwähnt, muss vor der Datenerhebung selbst noch eine Kategorisierung der Produkte nach bestimmten Merkmalen erfolgen. Obwohl sich eine Kategorisierung der Produkte schwierig gestaltet, wurden im Rahmen der Experteninterviews folgende Merkmale als zielführend für eine Kategorisierung der Produkte und Analyse des Produktlebenszyklus bestimmt:

- Zielmarkt des Produktes,
- Technologie, welcher das Produkt zuzuordnen ist,
- Applikation, in der das Produkt zum Einsatz kommt, und
- Geschäftstyp des Produktes (kundenspezifisch, semi-kundenspezifisch, Massenprodukt)

Die Frage nach der zu wählenden Granularitätsstufe ist schon etwas schwieriger zu beantworten. Die Meinungen der interviewten Experten gehen hier weit auseinander und reicht von der Sales-Product-Number (SP#) aus Sicht der Planung und des Supply Chain Management, über die Fertigungs-Produkt-Nummer (FP# oder MA#) bis hin zum Sales Name bzw. sogar noch höher auf Ebene der Technologiegruppen aus Sicht der Marketingvertreter. Der Autor würde die Granularität mit höchster Aussagekraft auf Ebene der Planposition (PPOS) bzw. auf Ebene des Sales Name ansiedeln. Ob diese Ebene auch für Entscheidungen hinsichtlich des Bestandsmanagement ausreicht ist im Rahmen der Datenanalyse zu beantworten.

Eindeutige, sprich in absoluten Zahlen messbare Kennzahlen, um den Kurvenverlauf der erhobenen Produktlebenszyklen in die einzelnen Phasen einzuteilen, konnten im Rahmen der Interviews nicht festgelegt werden. Indikatoren zur Bestimmung der einzelnen Phasen sind Umsatz, Absatzmenge, Preisverfall und Handelsspanne (Phase 1 > 50%, Phase 2 ca. 40%, Phase 3 < 30% und Phase 4 <= 20%). Weitere Indikatoren für die einzelnen Phasen können die Erreichung des Break Even Punktes oder der Aufwand der Marketingaktivitäten sein. Eine solche Analyse ist aber erst nach Abschluss des Lebenszyklus möglich bzw. bedingt einen abgeschlossenen Produktlebenszyklus eines Referenzproduktes. Die Vorhersage des weiteren Verlaufes des Lebenszyklus in einem noch nicht abgeschlossenen ebensolchen gestaltet sich jedoch noch viel schwieriger. Eine Prognose des weiteren Verlaufes basiert zunächst auf den geplanten zukünftigen Absatzzahlen. Hier ist eine enge Rückkopplung zwischen Marketing, Vertrieb, Kunde und Supply Chain Management unabdingbar. Diese hängen wiederum von der Entwicklung des Marktes und der Wettbewerber ab. Referenzprodukte können ebenfalls Informationen über einen eventuellen zukünftigen Verlauf geben. Jedoch müssen bei diesen die externen Einflüsse auf deren Verlauf berücksichtigt werden (welche Märkte wurden bedient, welche wirtschaftlichen, politischen, gesetzlichen und technologischen Rahmenbedingungen traten während des Zyklus auf, etc.). Ein weiterer Indikator in der Halbleiterindustrie kann das Verhältnis von Design-Wins zu Umsatz sein. Sobald die Häufigkeit von Design-Wins des Produktes abnimmt, nimmt auch das Interesse des Marktes am Produkt ab.

Der nächste Abschnitt der Interviews befasst sich mit dem Themengebiet Bestandsmanagement. Die Interviewpartner setzen die Ziele des Bestandsmanagements dabei breit an. Von der Erzielung einer hohen Delivery Performance bei gleichzeitig geringen Kosten (Kosten sind nur zu geringem Teil Lagerhaltungskosten und sind zum wesentlichen Teil Verwurf und Abwertung von Beständen), dem Aufbau einer optimalen Bestandsstruktur hinsichtlich Bestandshöhen, -alter und dem optimalen Bestandsmix, aber auch dem frühzeitigen Erkennen von Auf- bzw. Abschwüngen der Konjunktur und damit verbundenen Entwicklungen der Nachfrage zur Steuerung der Produktionsmengen bei gleichzeitiger Vermeidung von Unterauslastung der Produktionskapazitäten, wird ein breites Spektrum an Aufgaben und Zielen genannt. Einigkeit besteht dabei jedoch in der Erwartung einer möglichst hohen Flexibilität des Bestandsmanagements. Hervorzuheben ist ebenfalls, dass ein proaktives Bestandsmanagement zum Selbstverständnis der befragten Experten zählt und bereits heute so bei Infineon gelebt wird. Dies spiegelt sich ebenfalls im hohen Stellenwert wider, welcher dem Bestandsmanagement bei Infineon bescheinigt wird. Bemängelt wird in diesem Zusammenhang allenfalls, dass das Bestandsmanagement konjunkturabhängig zeitweise etwas in den Hintergrund tritt, um ergebnisorientierte Zielgrößen zu optimieren.

Das Bestandsmanagement wird bei Infineon an den Key Performance Indikatoren (KPI) absolute Bestandshöhe in Euro, Reichweiten auf den Lägern Die Bank (DB) und Distribution Centers (DC) und Verwurfrate gemessen. Der so genannte Work In Process (WIP) ist aktuell noch nicht in den Supply Chain KPIs enthalten. Dieser soll aber zukünftig ebenfalls berücksichtigt werden.

Führt man die beiden Teilbereiche Produktlebenszyklus und Bestandsmanagement nun zusammen, so stellt sich die Frage, welche allgemeinen Rückschlüsse aus dem Produktlebenszyklus für das Bestandsmanagement gezogen werden können. Die Antwort darauf ist so trivial wie essenziell: Eine Berücksichtigung des Produktlebenszyklus bedingt eine phasenbezogene Bestandsmanagementstrategie. Jede einzelne Phase zeichnet sich durch besondere Charakteristika aus. In der Einführungsphase gilt es Kunden trotz hoher Durchlaufzeiten flexibel mit Musterprodukten beliefern zu können. Die Wachstumsphase gilt als kritische Schlüsselphase für die Gewinnung von Marktanteilen für das Unternehmen – ein frühzeitiges Erkennen des Eintritts in diese Phase und ein schneller Aufbau von Kapazitäten und die ständige Bereitstellung von Pufferbeständen ist in dieser Phase gefragt und strategisch von hoher Bedeutung. In der Reife- und Sättigungsphase muss sich das Bestandsmanagement auf das optimale Management der gestiegenen Komplexität der Produkte konzentrieren. Die Phase des Rückganges nimmt wieder eine Schlüsselfunktion für den Unternehmenserfolg ein. Ramp Downs müssen ebenfalls frühzeitig erkannt werden und die Bestände auf ein ausreichendes Maß reduziert werden, um Restbestände (ungeachtet dessen, ob diese bei Distributoren oder im eigenen Unternehmen bestehen) und eine Abwertung dieser zu vermeiden.

In den einzelnen Phasen sollten die Strategien wie folgt aussehen. In der Einführungsphase ist es wichtig genügend Lagerbestand zur Ausstattung der Kunden mit Mustermengen bereitzustellen. Eine auf Reichweiten basierende Bestandsführung ist in dieser Phase als wenig zielführend zu betrachten. Kleine Lose, extrem hohe Geschwindigkeit, schnelles Feedback und schnelle Anpassungen sollten die Maxime des Bestandsmanagements in dieser frühen Phase sein.

In der Wachstumsphase spielt das Bestandsmanagement eine essentielle Rolle und kann den Geschäftserfolg des Unternehmens fundamental gefährden. In dieser Phase sind Pufferbestände sehr wichtig, jedoch ist man selten in der Lage dieser Forderung zu folgen, da die Kapazitäten in den meisten Fällen nicht schnell genug nachgezogen werden können. Das Marketing liefert den Input für einen möglichen worst-/best-/optimal-case und gemeinsam mit dem Marketing werden die Bestandsstrategien definiert. Dabei müssen die Zielreichweiten länger angesetzt werden, um flexibler auf die sich ändernden Marktbedingungen reagieren zu können. In der Wachstumsphase ist das Bestandsmanagement auch Teil des Risikomanagement des Unternehmens. Manche Kunden verlangen speziell in dieser Phase dedizierte Vereinbarungen hinsichtlich der Einrichtung von Puffer- und Sicherheitslägern. Die Profitabilität des Produktes lässt solche Vereinbarungen in diesem Stadium aber auch zu.

Ab der Reife- oder Sättigungsphase sollte die Höhe der Kundenbestellungen Basis für die Bestandsführung sein. Somit nimmt eine ordentliche Planung eine zentrale Rolle ein, um die optimalen Reichweiten bestimmen zu können. Die hohe Komplexität, welche durch zahlreiche Produktvarianten in dieser Phase bedingt wird, stellt eine besondere Herausforderung an das Bestandsmanagement in dieser Phase.

Die Phase des Rückganges ist als sehr sensibel einzustufen. Entweder man erlebt einen sehr sanften Rückgang, oder aber die Nachfrage reißt abrupt ab. Hier besteht die Gefahr einer Weiterproduktion trotz fehlender Nachfrage seitens des Marktes. Zeitnahes Erkennen solcher Situationen ist also sehr wichtig. Des Weiteren ist das Bestandsmanagement in dieser Phase ein wichtiger Hebel, um die Profitabilität aufrecht zu erhalten. In dieser Phase gibt es hohe Preisverfälle und Überbestand kann somit zu hohen Abschreibungskosten führen. Hier bedarf es einer engen Abstimmung zwischen Marketing, Sales, Logistik und Kunden, um Überbestände zu vermeiden.

3.3 Zusammenfassung Experteninterviews

Zusammenfassend lässt sich sagen, dass die erzielten Ergebnisse der Experteninterviews die Resultate der Literaturrecherche widerspiegeln. Es kann nicht ein Lebenszyklusverlauf als optimal für eine gesamte Industrie angesehen werden, sondern es muss der Produktlebenszyklus für einzelne Produkte bzw. Produktkategorien erhoben werden. Dies bedingt eine Kategorisierung der Produkte nach bestimmten Merkmalen und die Wahl des richtigen Aggregationsniveaus bei der Erhebung von Datenmaterial. Zur Bestimmung und Unterteilung der einzelnen Phasen gilt es ein Set an Kennziffern zu erarbeiten, welche abhängig von der jeweiligen Phase eine bestimmte Ausprägung erreichen. Hinsichtlich des Bestandsmanagements gibt es klassische Kennziffern, welche eine sehr gute Aussagekraft erzielen. Essentiell für optimales Bestandsmanagement ist jedoch eine auf die jeweilige Phase des Produktlebenszyklus abgestimmte Strategie zu erarbeiten und diese zu verfolgen. Inwiefern historische Daten zur Prognose zukünftiger Entwicklungen geeignet sind, ist noch zu klären. Grundsätzlich müssen aber die externen Einflüsse auf historische Zyklusverläufe extrahiert werden, um deren Einfluss auf die Entwicklung des Produktlebenszyklus bestimmen zu können und diese auch zukünftig berücksichtigen zu können.

4 Analyse ausgewählter Produkte der Firma Infineon Technologies AG

4.1 Das Unternehmen – Die Infineon Technologies AG

Das Unternehmen Infineon Technologies AG ist ein weltweit operierender Halbleiterhersteller. Die Unternehmenszentrale, der Campeon, befindet sich in der Gemeinde Neubiberg bei München in Deutschland. Infineon ist laut eigenen Aussagen Deutschlands größtes und Europas zweitgrößtes[97] Halbleiterunternehmen und beschäftigt weltweit 26.227 Mitarbeiter[98]. Dabei nimmt Infineon in allen adressierten Zielmärkten eine führende Position ein.[99] [100] Der Umsatz betrug im Geschäftsjahr 2011 4 Mrd. Euro gegenüber einem Umsatz von 3,3 Mrd. Euro im Geschäftsjahr 2010 und stieg somit um 21,3%. Im Geschäftsjahr 2011 wurden 48% des Umsatzes in der Zielregion Europa/Naher Osten/Afrika (EMEA) und 41% in der Zielregion Asien/Pazifik[101] erwirtschaftet.[102] Infineon adressiert die Fokusthemen Energieeffizienz, Mobilität und Sicherheit anhand der Kernkompetenzen

- Analog- und Mixed-Signal-Schaltungen,
- Leistungshalbleiter,
- Embedded Control und
- Fertigungskompetenz

in den Zielmärkten Automotive, Industrial Power Control, Power Management & Multimarket und Chip Card & Security. Diese Zielmärkte stellen gleichzeitig auch die Business Units dar, in welche sich das Unternehmen unterteilt.[103] Die folgende Abbildung 10 zeigt die Geschäftsbereiche von Infineon und die jeweils angebotenen Produkte. Diese Übersicht lässt bereits erahnen, wie hoch die Zahl der adressierten Märkte und unterschiedlichen Produkte anzusetzen ist.

---

[97] Nach ST Microelectronics.
[98] Stand 2012.
[99] Platz 2 bei Automobilelektronik, Platz 1 bei Leistungshalbleitern, Platz 1 bei Chipkarten.
[100] Vgl. Infineon (2012), S. 5ff.
[101] Inkl. Japan.
[102] Vgl. Infineon (2012), S. 6ff.
[103] Vgl. Infineon (2012), S. 7ff.

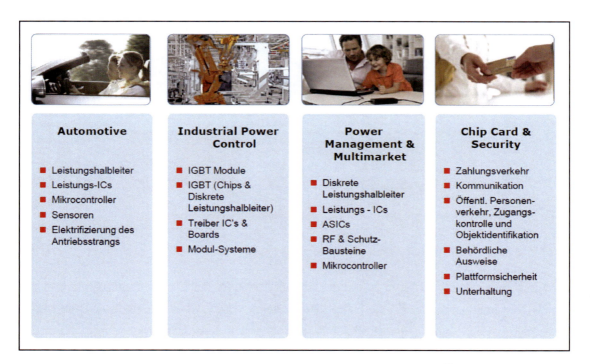

Abbildung 10: Geschäftsbereiche und Produkte von Infineon[104]

4.2 Aufbau der Supply Chain der Infineon Technologies AG

Grundsätzlich unterteilt sich der Produktionsprozess eines elektronischen Bauelementes, welches auf einem oder mehreren Halbleiterchips basiert, in zwei Schritte – einen so genannten Front End Prozess (FE) und einen sogenannten Back End Prozess (BE). Der FE Prozess erstreckt sich von der Einschleusung einer Rohscheibe, dem so genannten Wafer, bis zu deren Fertigstellung und Lagerung auf der Die Bank und kann bis zu 500+ Prozessschritte umfassen. Der BE Prozess reicht von der Entnahme des Wafers von der Diebank bis zur Ablieferung des fertigen Modules, dem elektronischen Bauelement, auf den Auslieferlägern des Herstellers.

Die folgende Abbildung 11 stellt die Produktions Supply Chain bei Infineon schematisch dar. Die grauen Abschnitte zeigen die jeweiligen offiziellen Lagerpunkte entlang der Supply Chain. Die orangen Abschnitte stehen für Produktionsprozesse und die blauen Abschnitte stehen für die Prüf- und Testprozesse nach den jeweiligen Produktionsabschnitten. Die jeweiligen Produktionsprozesse sind weltweit über alle Fertigungsstandorte verteilt. Dabei sind die FE-Prozessschritte zum Großteil in Europa und die BE-Prozessschritte zum überwiegenden Teil im südostasiatischen Raum angesiedelt.

---

[104] Quelle: Infineon (2012), S. 22.

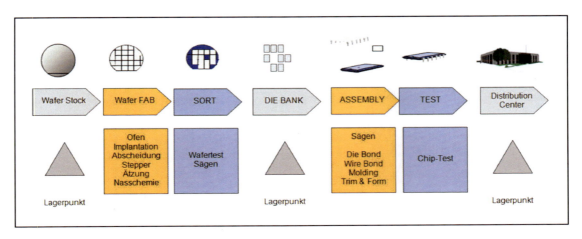

Abbildung 11: Schematische Darstellung der Produktion Supply Chain bei Infineon[105]

In Hinblick auf eine optimale Nutzung der vorhandenen Supply Chain Struktur führt der Halbleiterhersteller Infineon eine Unterteilung seiner Produkte in mehreren Dimensionen durch. Zunächst werden die Produkte entsprechend der Marktsegmentierung des Halbleitermarktes nach Customer Specific Products (CSP), Application Specific Standard Products (ASSP) und Commodities unterschieden. CSPs werden speziell nach den individuellen Anforderungen eines bestimmten Kunden produziert. Sowohl in der FE als auch in der BE Fertigung unterscheiden sich die Herstellungsprozesse dieser Produkte von anderen Produkten und sind somit jene Produkte mit dem höchsten Alleinstellungsmerkmal des jeweiligen Herstellers. ASPs setzen zwar auf denselben FE Produkten auf, werden jedoch in unterschiedlichen End-Applikationen eingesetzt und daher in der BE Produktion in unterschiedlichen Modulen verbaut. Hier verwendet der Halbleiterhersteller zwar seine Standard-FE-Produkte, kann dem Kunden jedoch maßgeschneiderte Verpackungslösungen bzw. eine nach speziellen Anforderungen entwickelte Modulbauweise anbieten. Commodities stellen die sogenannte Massenware dar. Diese Produkte sind Standardprodukte in der Industrie und bieten keine Alleinstellungsmerkmale für den Produzenten. Eine Besserstellung gegenüber der Konkurrenz kann in dieser Produktgattung nur über niedrigere Preise und eine höhere Verfügbarkeit der Produkte erreicht werden.

Darauf aufbauend erfolgt die Produktunterteilung in der nächsten Ebene auf Basis eines unterschiedlichen Niveaus der Lieferbereitschaft, der so genannten Service Level Segmentation. Die Kategorisierung orientiert sich dabei an den unterschiedlichen Lagerungspunkten entlang der Produktions Supply Chain – dem Rohscheibenlager (Start Products), dem eher am Ende des FE-Produktionsprozesses angesiedeltem Masterlager (Master Storage Products), der Diebank zwischen FE und BE Prozess (Diebank Products), oder dem Auslie-

---

[105] Quelle: eigene Darstellung, in Anlehnung an Infineon (2010), S. 17.

ferungslager am Ende des gesamten Produktionsprozesses (Distribution Center Products). Je später die Lagerung eines halbfertigen Erzeugnisses entlang der Supply Chain erfolgt, desto kürzer ist die Lieferzeit zum Kunden, jedoch desto geringer ist auch der mögliche Individualisierungsgrad des Endproduktes. Sprich, kundenspezifische Produkte können meist nur am Rohscheibenlager gelagert werden, während Massenprodukte tendenziell eher bereits als fertiges Erzeugnis am Auslieferungslager gelagert werden.

Abgeleitet aus diesen beiden Dimensionen ergibt sich dann die jeweilige Lagerauffüllungsstrategie bei Infineon. Hier werden die Strategien Make-to-Stock (MTS), Make-to-Order (MTO) und Engineer-to-Order (ETO) unterschieden. Bei der MTS Strategie werden die Produkte in Höhe entsprechend der Planung, dem sogenannten Forecast, produziert und als fertige Erzeugnisse am jeweiligen Lagerungspunkt gelagert. Bei der MTO Strategie werden die Produkte nicht gelagert, sondern nur entsprechend der tatsächlich bestellten Mengen produziert und geliefert. Bei der ETO Strategie werden die Produkte ebenfalls nicht gelagert, sondern entsprechend spezieller Kundenbestellungen entwickelt und produziert. Produkte, welche entsprechend der MTS Strategie produziert werden, weisen die niedrigste Lieferzeit zum Kunden auf, während nach der ETO Strategie produzierte Ware die längste Lieferzeit aufweisen. Eine weitere, jedoch hier nicht diskutierte Strategie, wäre die Assemble-to-Order (ATO) Strategie. Bei dieser Strategie werden die Produkte entsprechend der Forecasts bis zur Diebank vorproduziert. Nach dem Eintreffen realer Bestellungen werden diese von der DB abgerufen und die BE-Produktion gestartet.[106]

Die folgende Abbildung 12 veranschaulicht den oben beschriebenen Zusammenhang der beiden Dimensionen und der daraus abgeleiteten Produktionsstrategien in Zusammenhang mit der schematisch dargestellten Produktions Supply Chain bei Infineon Technologies nochmals.

---

[106] Vgl. Kummer/Grün/Jammernegg (2009), S. 133.

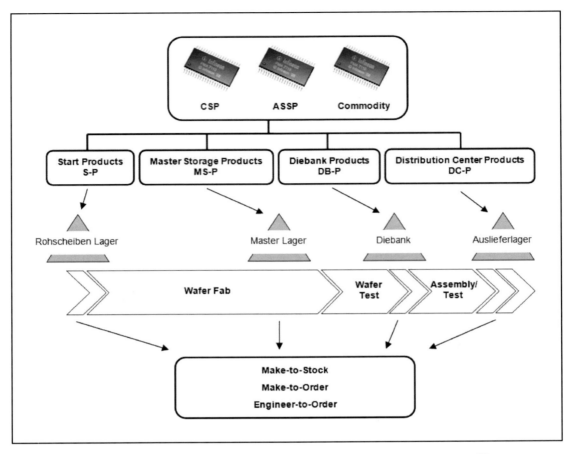

Abbildung 12: Produktsegmentierung und Produktionsstrategie bei Infineon[107]

4.3 Der Planungsprozess der Infineon Technologies AG

Neben dem Aufbau der Supply Chain gilt es in Bezug auf die Analyse des Produktlebenszyklus und dessen Einflussfaktoren auf das Bestandsmanagement ebenfalls Augenmerk auf die Planungsprozesse eines Halbleiterherstellers zu legen. Die Planung liefert mit all ihren unterschiedlichen Detailebenen den mit Abstand wichtigsten Input zur Entscheidungsfindung.

Die Volumens- und Absatzplanung findet bei Infineon für einen lang-, mittel- und kurzfristigen Zeithorizont und in unterschiedlichen Detaillierungsgraden statt. Die kurzfristige Volumen- und Absatzplanung stellt das Setzen der operativen Produktionsvorgaben durch die Logistikabteilung einer jeden Geschäftseinheit dar. Diese wird zum einen aus dem tatsächlichen Auftragsbestand, zum anderen jedoch aus der mittel- und langfristigen Planung abgeleitet. Die mittel- und langfristige Planung erfolgt im sogenannten Volume Rolling Forecast Prozess (VRFC Prozess).

---

[107] Quelle: eigene Darstellung, in Anlehnung an Infineon (2010), S. 18.

Der VRFC Prozess ist ein mehrstufiger Planungsprozess welcher auf regelmäßiger Basis in monatlichem Zeitabstand durchgeführt wird. In diesem Prozess sind unterschiedlichste Unternehmensbereiche wie die Sales, Marketing und Logistik Abteilungen je Geschäftseinheit und der gesamte FE bzw. BE Produktionsverbund inklusive nachgelagerter Abteilungen involviert.

Die folgende Abbildung 13 gibt einen schematischen Überblick über die involvierten Parteien, die jeweiligen Aufgaben und den zeitlichen Rhythmus im Infineon internen Planungsprozess.

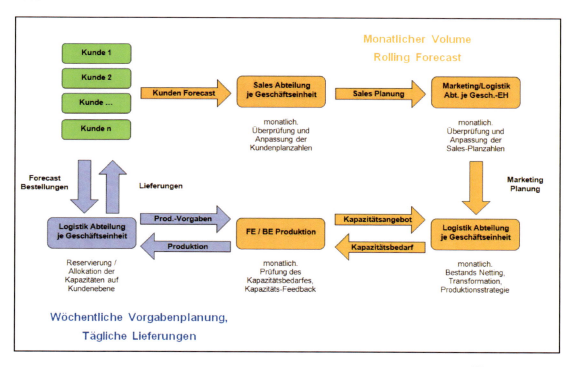

Abbildung 13: Schematische Darstellung des Planungszyklus bei Infineon[108]

Diese jeweiligen Planungsschritte finden auf unterschiedlichen Granularitätsstufen statt. Während der Kunde auf Basis der Verkaufsbezeichnungen (Sales Name) bzw. der Rhythm Forecastplanning Products (RFP) und somit auf einer der höchsten Stufen ordert, erfolgt die firmeninterne mittel- und langfristige Planung auf Basis der Planpositionen (PPOS) in Kombination mit den Fertigungspositionen (FPOS) und die kurzfristige Planung, also die realen Produktionsvorgaben durch die Logistik, auf Basis der Distribution Center Baunummer (DC-BNr), welche wiederum die detaillierteste Stufe darstellt. Darüber hinaus stehen noch etliche weitere Detaillierungsebenen für nachgeordnete Unternehmensfunktionen zur Verfügung.

---

[108] Quelle: eigene Darstellung, in Anlehnung an Infineon (2008), S. 5.

Abbildung 14 gibt einen Überblick über die bei Infineon verwendeten Haupt-Produktgranularitäten und Produkt-Hierarchien und die Verbindungen zwischen diesen.

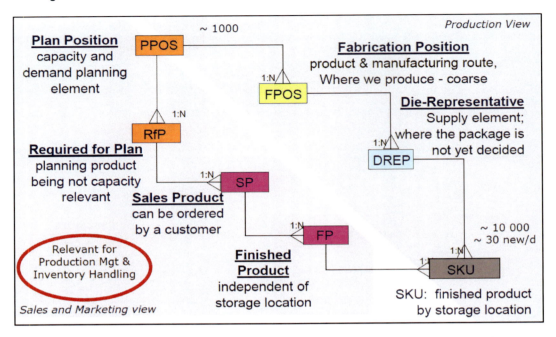

Abbildung 14: Haupt-Produktgranularitäten und Produkt-Hierarchien bei Infineon[109]

Welcher Planungslevel auf welche Produktgranularität zurückgreift, soll anhand der folgenden Tabelle 5 veranschaulicht werden.

	PPOS	RFP-Product	Sales Product	FPOS	DIE-REP	ACG	Finished Product	DC-BNr
Bedarfsplanung	X	X						
Unternehmensplanung	X			X				
Hauptplanung				X	X	X		X
Produktionsvorgaben								X
Produktionsplanung								X
Bestellmanagement	X		X		X		X	

Tabelle 5: Verwendung der Produktgranularitäten in den Planungsebenen[110]

---

[109] Quelle: Infineon (2010), S. 11.

Die größte Schnittmenge an unterschiedlichen Planungsebenen, welche gleichzeitig auch für eine Marktanalyse hinsichtlich des Produktlebenszyklus geeignet scheinen, findet sich in der PPOS wieder. Ob diese höchste produktbezogene Granularitätsebene aber auch geeignet ist um daraus Rückschlüsse auf optimales Bestandsmanagement zu ziehen, muss an dieser Stelle jedoch noch hinterfragt werden.

4.4 Das Produktlebenszyklus Modell der Infineon Technologies AG

In den Experteninterviews konnte bereits geklärt werden, dass auch bei Infineon die grundsätzlichen Ideen der Produktlebenszyklus Theorie Eingang in die Entscheidungsfindungen des Produktmanagements finden. Zwar wird hier kein konkretes Modell aus der Theorie angewendet, jedoch gibt es ein unternehmensintern definiertes Modell zur Bestimmung des aktuellen Lebensstadiums eines Produktes – die sogenannte Meilensteinplanung. Anhand 15 unterschiedlicher aufeinander folgender Meilensteine wird der Lebensverlauf eines Produktes von der Ideenfreigabe über den Entwicklungsprozess, die Produktionsfreigabe bis hin zur finalen Archivierung des Produktes gezeichnet. Die untenstehende Tabelle 6 listet die Meilensteine und die zugehörige Bezeichnung auf.

Meilenstein-Nummer	Meilenstein-Bezeichnung
0	Ideenfreigabe
1	Anforderungsfreigabe
2	Machbarkeitsfreigabe
3	Projektfreigabe
4	Konzeptfreigabe
5	Designfreigabe
6	Freigabe der Testeinschleusung
6.1	Erster funktionierender Wafer
7	Entwicklungsmuster
8	Frühe Produktionsfreigabe
9	Auslieferfreigabe
10	Freigabe der Massenproduktion
11	Auslauffreigabe
12	Aussendung der Produktabkündigung
13	Endgültiger Produktstopp / Archivierung der Grunddaten

Tabelle 6: Meilensteinplan der Infineon Technologies AG[111]

---

[110] Quelle: eigene Darstellung, in Anlehnung an Infineon (2007), S. 349.
[111] Quelle: eigene Darstellung, in Anlehnung an Infineon (2011), S. 7.

Wie diese Übersicht zeigt, beinhaltet die Meilensteinplanung nicht nur jene Phasen, in denen sich das Produkt bereits am Markt befindet, sondern auch bereits den vorhergehenden Entwicklungszyklus des Produktes. Grundsätzlich könnte eine Produktanalyse anhand dieser Meilensteinplanung durchgeführt werden. Jedoch ergaben die Experteninterviews, dass diese Meilensteinplanung nur bis zur Produktionsfreigabe zwingend erforderlich durchgeführt werden muss. Ab etwa Meilenstein 9, sprich der Phase der Markteinführung des Produktes, wird diese Planung nicht mehr verpflichtend geführt und für jedes Produkt überprüft. Eine Analyse der Produkte gerade für jene Phasen in denen sich das Produkt am Markt befindet, ist somit anhand der firmenintern genutzten Meilensteine nicht mehr möglich.

4.5 Analyse des Produktlebenszyklus ausgewählter Produkte

4.5.1 Eingrenzung der zu analysierenden Produkte

Wie bereits in Abbildung 10 dargestellt bedient Infineon eine Vielzahl unterschiedlicher Zielmärkte und Endapplikationen mit einer breiten Palette an Produkten. Eine Analyse aller dieser Produkte ist jedoch im Rahmen dieser Studie nicht möglich. Aus diesem Grund wird der Produktlebenszyklus für Produkte einer definierten Produktgruppe analysiert. Im Folgenden werden Produkte aus unterschiedlichen OptiMOS^{TM} Technologiefamilien – in weiterer Folge Hauptfamilie-1, -2 und -3 genannt – von Infineon Technologies, welche allgemein den weltweiten Computing Markt (EDV/IT wie z.B. Server, Motherboards, Grafikkarten, Notebooks, etc.) adressieren, betrachtet. Im Besonderen werden dabei Produkte aus der 25V bzw. 30V Spannungsklasse mit unterschiedlichsten $R_{DS(on)}$ analysiert. Hervorzuheben ist hierbei noch, dass die drei betrachteten Hauptfamilien jeweils aufeinanderfolgende Technologiegenerationen darstellen. Hauptfamilie-2 ist dabei der direkte Nachfolger der Hauptfamilie-1 und Hauptfamilie-3 wiederum der direkte Nachfolger von Hauptfamilie-2. Die dabei zur Verfügung stehenden Hierarchieebenen der zu Grunde liegenden Datenbasis werden in der nachstehenden Abbildung 15 schematisch dargestellt. Der Sales Name ist bei diesen Produkten mit der Granularitätsstufe PPOS gleichzusetzen.

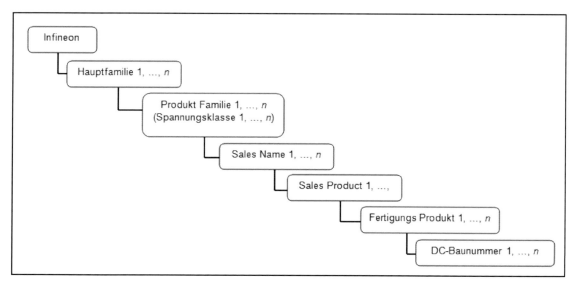

Abbildung 15: Hierarchieebenen der Datenbasis[112]

4.5.2 Bestimmung der Datenbasis

Die von Infineon zur Verfügung gestellte Datenbasis besteht aus den Umsatzmengen in Stück pro Quartal für die jeweilige DC-Baunummer. Die Daten spiegeln damit die detaillierteste Granularitätsstufe hinsichtlich des Produktes wider. Die Daten reichen dabei vom Quartal 1 des Geschäftsjahres 2004/2005 (Oktober bis Dezember 2004) bis zum Quartal 2 des Geschäftsjahres 2011/2012 (Jänner bis März 2012)[113].

Die Datenbasis enthält außerdem die Informationen über das Datum der Freigabe der Serienproduktion[114], das Last Order Date (LOD)[115] und das Last Delivery Date (LDD)[116]. Anhand dieser Informationen kann die Datenbasis auf Produkte eingeschränkt werden, deren gesamter Lebenszyklus innerhalb des verfügbaren Zeitrahmens der Datenbasis liegt. Die M9 Freigabe muss mindestens ab Oktober 2004 oder später erfolgt sein und das LDD darf nicht später als für März 2012 gesetzt worden sein. Somit finden all jene Produkte mit zensierten Daten, also Produkte deren Produktlebenszyklus auch außerhalb der verfügbaren Zeitspanne verläuft, keine Beachtung mehr in der folgenden Analyse. Dies gilt zunächst zumindest für Hauptfamilie-1 und Hauptfamilie-2 und trifft für Hauptfamilie-3 nicht zu, da Hauptfamilie-3 die aktuellste Generation repräsentiert und deren Produktionsfreigabe im Quartal 4 des Geschäftsjahres 2010/2011 erteilt wurde. Somit ist eine detaillierte Analyse der

---

[112] Quelle: eigene Darstellung.
[113] Das Geschäftsjahr der Infineon Technologies AG beginnt mit 01. Oktober und Endet mit 30. September.
[114] Sprich das Datum der Freigabe von Meilenstein M9.
[115] Nach einer Produktabkündigung können Kunden noch bis zu diesem Zeitpunkt neue Bestellungen platzieren. Der gewünschte Liefertermin darf dabei das LDD nicht überschreiten.
[116] Nach einer Produktabkündigung liefert Infineon das Produkt noch bis zu diesem Zeitpunkt. Dieser liegt meistens 6 Monate nach dem LOD.

Hauptfamilie-3 im Rahmen dieser Studie nicht möglich, jedoch sollen deren Daten als Indikatoren dienen und daraus abgeleitet ebenfalls mögliche Rückschlüsse gezogen werden.

4.5.3 Analyse der Hauptfamilie-1/Produktfamilie 30V

Die Analyse beginnt zunächst auf Ebene der Hauptfamilie und Produktfamilie unter Berücksichtigung der einzelnen Produkte auf Ebene der Verkaufsbezeichnung (Sales Name). Hauptfamilie-1/Produktfamilie 30V setzt sich dabei aus sieben unterschiedlichen Produkten zusammen, welche die oben beschriebenen Kriterien erfüllen. Die ersten M9 Freigaben für diese Hauptfamilie erfolgten bereits im Jahr 2001. Da die Zeitreihe der Datenbasis jedoch erst im Oktober 2004 beginnt und nur Produkte betrachtet werden können, deren gesamter Lebenszyklus innerhalb der zur Verfügung stehenden Zeitreihe liegt, stellen die betrachteten sieben Produkte auch nur lediglich ca. 2,5% der Gesamtstückzahlen dieser Produktfamilie im betrachteten Zeitabschnitt dar.

Die folgende Abbildung 16 stellt die erzielten Verkaufsstückzahlen der einzelnen Produkte je Quartal in einem kartesischen Koordinatensystem dar. Dabei werden die einzelnen Quartale, sprich die Zeitachse, auf der Abszissenachse[117] und die erzielten absoluten Stückzahlen auf der Ordinatenachse[118] aufgetragen. Die hervorgehobene blaue Linie skizziert das arithmetische Mittel der verkauften Stückzahlen je Quartal und stellt somit den Trendverlauf der Hauptfamilie-1/Produktfamilie-30V dar.

---

[117] Abszissenachse = x-Achse.
[118] Ordinatenachse = y-Achse.

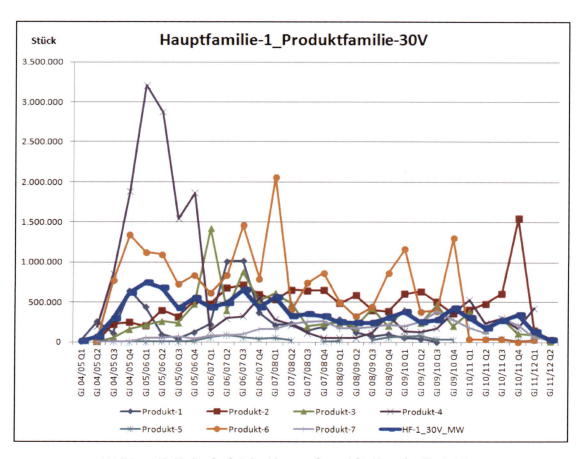

Abbildung 16: Verkaufte Stückzahlen pro Quartal für Hauptfamilie-1_30V

Bereits in dieser ersten Betrachtung fällt auf, dass die einzelnen Produkte ein diffuses Verhalten hinsichtlich ihres Lebenszyklusverlaufes aufweisen. Während einzelne Produkte wie Produkt-4 oder -6 den Maximalwert relativ schnell erreichen, weisen andere Produkte, wie beispielsweise Produkt-2 einen stetigeren Anstieg der Kurve auf und erreichen das Maximum erst zu einem späten Zeitpunkt innerhalb des Zyklus. Somit muss zunächst geklärt werden, inwiefern sich ein normalverteilter Produktlebenszyklusverlauf für die einzelnen Produkte nachweisen lässt. In der folgenden Tabelle 7 wird die Übereinstimmung des tatsächlichen Produktlebenszyklusverlauf der einzelnen Produkte mit dem jeweiligen normalverteilten SOLL-Verlauf, ausgedrückt durch das Bestimmtheitsmaß R^2, dargestellt. Im linken Teil der Tabelle wurde die SOLL-Normalverteilung auf Basis der Daten der einzelnen Produkte berechnet, während im rechten Bereich der Tabelle hingegen die SOLL-Normalverteilung auf Basis der Daten des arithmetischen Mittels der Hauptfamilie-1_30V errechnet wurde. Die Korrelation von R^2 wurde anschließen entsprechend der von Martens getroffenen Einteilung, welche in Kapitel 2.5.8 vorgestellt wurde, determiniert.

	Basis Einzelprodukt			Basis Hauptfamilie-1		
Produkt	**R²**	**Delta**	**Korrelation**	**R²**	**Delta**	**Korrelation**
Produkt_1	0,2950	0,7050	gering	0,0017	0,9983	sehr gering
Produkt_2	0,1370	0,8630	sehr gering	0,0877	0,9123	sehr gering
Produkt_3	0,2144	0,7856	gering	0,0471	0,9529	sehr gering
Produkt_4	0,1440	0,8560	sehr gering	0,2538	0,7462	gering
Produkt_5	0,0727	0,9273	sehr gering	0,0209	0,9791	sehr gering
Produkt_6	0,2661	0,7339	gering	0,0365	0,9635	sehr gering
Produkt_7	0,6142	0,3858	mittel	0,2547	0,7453	gering
arithm. Mittel	*0,2490*	*0,7510*	*gering*	*0,1004*	*0,8996*	*sehr gering*

Tabelle 7: Bestimmtheitsmaß für die Einzelprodukte der HF-1_30V

Ein genereller, für alle Produkte dieser Hauptfamilie gültiger Trend lässt sich aus dieser ersten Betrachtung noch nicht ableiten. Da dieses erste Ergebnis bereits ein solch diffuses Bild ergibt, wird auf die Analyse eines detaillierteren Granularitätslevels verzichtet, da damit keine bessere Aussagefähigkeit hinsichtlich des Forschungszieles erreicht werden würde. Jedoch wird das arithmetische Mittel der Einzelprodukte in den jeweiligen Zeiteinheiten zunächst als Trendverlauf für diese Hauptfamilie herangezogen und in weiterer Folge besprochen.

Entsprechend der von Solomon/Sandborn/Pecht vorgeschlagenen Vorgehensweise erfolgt als nächster Schritt die Überprüfung des Trendverlaufes auf seine Normalverteilung. Dazu wird der Quantil-Quantil-Plot, siehe Abbildung 17, und das Bestimmtheitsmaß, siehe Abbildung 18, ermittelt.

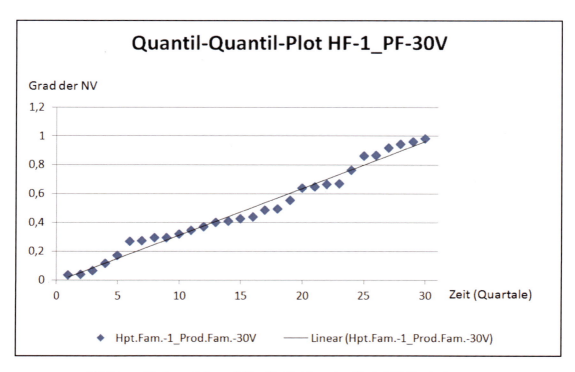

Abbildung 17: Quantil-Quantil-Plot für die Hauptfamilie-1_30V (Basis Quartale)

Der Quantil-Quantil-Plot für die Hauptfamilie-1_30V Datenbasis würde rein grafisch auf eine wahrscheinliche Normalverteilung der Werte schließen lassen. Nachteil des Q-Q-Plots ist jedoch, dass vor der grafischen Darstellung eine der Größe nach aufsteigende Sortierung der Werte erfolgt und somit aber auch gleichzeitig eine Entkoppelung der Datenreihe von der Zeitachse erfolgt.

Das Ergebnis des Quantil-Quantil-Plots wird nun um das Bestimmtheitsmaß erweitert. Das Bestimmtheitsmaß R^2 bestimmt dabei den Korrelationsgrad des IST Verlaufs (blaue Balken) mit dem normalverteilten SOLL Verlauf (rote gestrichelte Kurve) und wird in Abbildung 18 dargestellt.

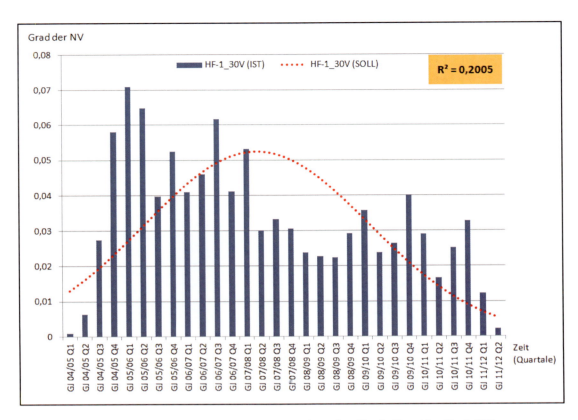

Abbildung 18: Ermittlung des Bestimmtheitsmaßes für die Hauptfamilie-1_30V

Das Bestimmtheitsmaß R^2 für diese Datenreihe beträgt 20,05%. In anderen Worten, die erhobenen Daten entsprechen nur zu 20,05% dem Idealverlauf auf Basis der Grunddaten.

Könnte für die Datenreihe eine Normalverteilung nachgewiesen werden, so würde entsprechend des Modells nach Solomon/Sandborn/Pecht nun eine Phaseneinteilung entsprechend der Mü und Sigma Werte erfolgen. Da die Korrelation in diesem Fall lediglich 20,05% beträgt, liegt nach der Klassifizierung nach Martens[119] lediglich eine geringe Übereinstimmung der beiden Kurven vor. Für die Phaseneinteilung entsprechend der von Solomon/Sandborn/Pecht vorgeschlagenen Vorgehensweise sollte nach Meinung des Autors zumindest eine gute mittlere Übereinstimmung entsprechend der von Martens festgelegten Klassifizierung vorliegen. Kann man jedoch die internen und externen Einflussfaktoren auf den jeweiligen Produktlebenszyklus gezielt isolieren und determinieren, so könnten die jeweiligen Einflüsse in einem niedrigeren Wert des Bestimmtheitsmaßes Berücksichtigung finden und somit auch ein niedrigeres Bestimmtheitsmaß noch als Normalverteilung betrachtet werden.

---

[119] Vgl. Kapitel 2.5.8.

Infolge dessen, dass ein allgemeines Modell wie jenes der Gaußschen Normalverteilung in diesem Fall nicht angewendet werden kann, muss eine individuelle Lösung gefunden werden. Entsprechend der vorangegangenen Literaturrecherche ist die individuelle Lösung für einen solchen Fall die Produktlebenszyklusanalyse, sprich also eine ex post Analyse des Gesamtverlaufes, in der mögliche Einflüsse diskutiert werden und abschließend eine Phaseneinteilung vorgenommen wird.

Eine Produktlebenszyklusanalyse für die HF-1_30V könnte nun, ohne nähere Details hinsichtlich der vorherrschenden internen und externen Rahmenbedingungen zu kennen, wie folgt lauten. Grundsätzlich weißt diese Produktgruppe einen spezifischen Trendverlauf der Lebenszykluskurve und das Durchwandern aller Lebenszyklusphasen auf. Einführungs- und Wachstumsphase sind mit einer Dauer zwischen zwei und drei Monaten in Relation zur Dauer des Gesamtlebenszyklus relativ kurz, jedoch durch einen sehr steilen Anstieg der Absatzmenge ausgeprägt. Die Reife- und/oder Sättigungsphase werden ca. im Zeitraum von Quartal 1/GJ 2005/06 bis Quartal 1/GJ 2007/08 erlebt. Die hohe Volatilität der Absatzmenge in diesem Zeitraum kann anhand der vorliegenden Daten nicht näher erklärt werden. Mögliche Ursachen auf interner Seite könnten das Fehlen von Produktionskapazitäten oder anderweitiger Ressourcen bzw. starke Qualitätsprobleme sein, was wiederum zu einer fehlenden Lieferfähigkeit des Unternehmens führen würde und somit potentiell erzielbare Stückzahlen an den Wettbewerb verloren gehen. Potentielle Ursachen auf externer Seite könnten harter Wettbewerbsdruck unter den Herstellern hinsichtlich Preis, Substitutionsprodukten oder Marktanteil bei gleichzeitig fehlender Herstellerbindung der Kunden oder eine stark volatile Entwicklung der Gesamtkonjunktur bzw. dieses spezifischen Marktes sein. Die Rückgangs- und Auslaufphase ist in diesem Beispiel überproportional lang ausgeprägt und dauert in Summe länger als Einführungs-, Wachstums- und Reife-/Sättigungsphase zusammen. Grund für das lange Anhalten dieser Phasen könnte auf externer Seite der Einbruch des Halbleitermarktes im Zeitraum ab ca. Quartal 1 des Geschäftsjahres 2008/09 und die recht rasch darauf folgende Phase der Konsolidierung und Allokation im Halbleitermarkt ab ca. Quartal 4 des Geschäftsjahres 2008/09 sein. Das weltweite Fehlen von Produktionskapazitäten, der hohe Druck aller Produzenten entlang der Wertschöpfungskette dieses Marktes in sehr kurzer Zeit sehr hohe Absatzmengen bereitstellen zu müssen und die dadurch fehlenden Ressourcen für Neuentwicklungen könnten dieses Verhalten von außen bedingen. Eine Darstellung der Entwicklung des Gesamtmarktes, der gerade analysierten Produktgruppe und deren Nachfolgergeneration erfolgt zu einem späteren Zeitpunkt, lässt jedoch eventuell weitere Rückschlüsse auf den Verlauf dieses Produktlebenszyklus zu.

Die vorangegangene Produktlebenszyklusanalyse zeigt wie stark interne und externe Einflussfaktoren den Verlauf des Produktlebenszyklus beeinflussen können. Diese internen und externen Einflüsse erkennen, deren Ausmaß bestimmen und in Summe im Produktlebenszyklusverlauf integrieren zu können, stellt eine besondere Herausforderung an alle Beteiligten des Planungsprozesses dar. Jedoch lässt sich bereits zu diesem Zeitpunkt ableiten, dass eine grundsätzliche Annahme eines normalverteilten Lebenszyklusverlaufes ohne Berücksichtigung der internen und externen Einflussfaktoren nicht ausreicht, um eine entsprechende Prognose der zukünftigen Lebenszyklusentwicklung zu treffen.

4.5.4 Analyse der Hauptfamilie-2/Produktfamilie 30V

Die Analyse der Hauptfamilie-2 beginnt zunächst auf derselben Ebene wie bei Hauptfamilie-1. Hauptfamilie-2/Produktfamilie-30V setzt sich dabei aus 124 unterschiedlichen Produkten zusammen, welche die oben beschriebenen Kriterien erfüllen. Diese 124 Produkte stellen im betrachteten Zeitraum nahezu 100% der Gesamtstückzahlen dieser Produktfamilie dar. Aus Gründen der Übersichtlichkeit wird auf eine Darstellung aller 124 Produktlebenszyklen in einer Grafik in diesem Teil der Studie verzichtet.

Abbildung 19 trägt auf der Abszissenachse die einzelnen erhobenen Quartale auf. Die Primärachse der Ordinatenachse stellt die Anzahl der verkauften Produkte in Stück dar und auf der Sekundärachse der Ordinatenachse wird das Preisniveau in Prozent aufgetragen.

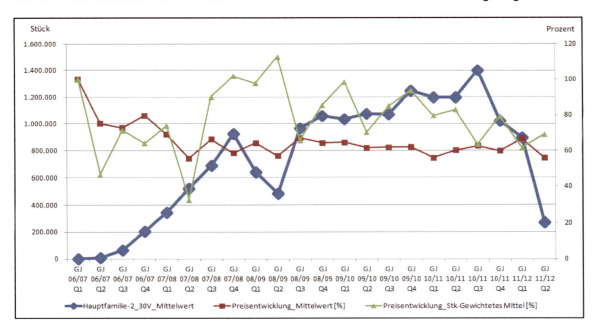

Abbildung 19: Entwicklung von Stückzahlen und Preis der Hauptfamilie-2_30V

Die Grafik liefert drei wesentliche Informationen zur Hauptfamilie-2/Produktfamilie-30V. Zunächst stellt die blaue Kurve das arithmetische Mittel aller verkauften Produkte der Hauptfamilie-2/Produktfamilie-30V in Stück dar und orientiert sich dabei an der primären

Ordinatenachse. Die dunkelrote Line stellt das arithmetische Mittel des Preises aller Produkte pro Quartal in Prozent dar und orientiert sich an der sekundären Ordinatenachse. Dabei wird der durchschnittliche Preis im ersten Quartal als 100% angesetzt und die Preismittelwerte in den restlichen Quartalen in Relation dazu gestellt. Deutlich zu erkennen ist hierbei, dass mit einem relativ hohen Preisniveau gestartet wird und sich dieses bereits zu Beginn des Lebenszyklus deutlich nach unten orientiert. Nach einem deutlichen Verfall der Preiskurve bei gleichzeitigem Anstieg der Stückkurve scheint sich das Preisniveau jedoch allmählich einzupendeln und verändert sich im weiteren Verlauf nicht mehr signifikant. Die grüne Kurve stellt im Vergleich zur dunkelroten Kurve zwar ebenfalls den Verlauf des Preisniveaus in Prozent dar, jedoch wird hier nicht der einfache Mittelwert über alle Preise eines Quartals gebildet, sondern wird der nach Stück gewichtete mittlere Preis ermittelt. Da dieser auch immer stark von den Hauptprodukten einer Produktgruppe abhängt, fallen Änderungen in den Absatzmengen der Hauptprodukte hier auch immer stärker ins Gewicht als Änderungen von Produkten mit geringeren Absatzmengen.

Auf Grund fehlender zusätzlicher Informationen wie zum Beispiel Marge, etc. reicht die reine Preisinformation zunächst nicht aus, um daraus umfassende Rückschlüsse auf die einzelnen Phasen des Produktlebenszyklus zu ziehen. Hier wären weitere Analysen und vor allem Datenmaterial seitens des Unternehmens notwendig, bieten jedoch Potential für zukünftige Analysen.

Um die Vergleichbarkeit zur HF-1 zu gewährleisten, wird auch hier auf Ebene der Hauptfamilie/Produktfamilie und nicht auf Ebene der Einzelprodukte fortgesetzt. Als nächster Schritt folgt auch in diesem Fall die Überprüfung auf Normalverteilung der Produktlebenszykluskurve. Zunächst anhand des Quantil-Quantil-Plots – siehe Abbildung 20 – anschließend anhand der Ermittlung des Bestimmtheitsmaßes – siehe Abbildung 21.

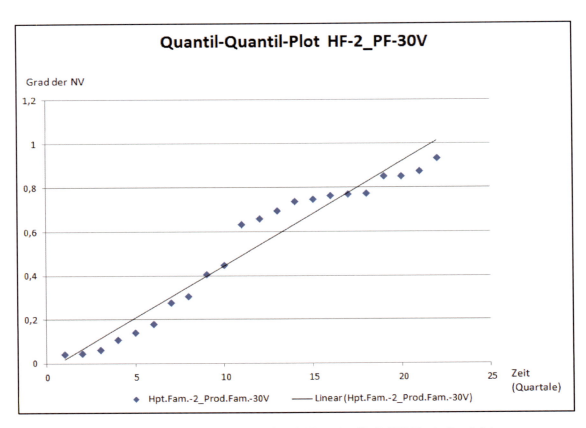

Abbildung 20: Quantil-Quantil-Plot für die Hauptfamilie-2_30V (Basis Quartale)

Im Vergleich zum Quantil-Quantil-Plot der vorhergehenden Hauptfamilie-1 könnte man beim Quantil-Quantil-Plot für die Hauptfamilie-2_30V in Abbildung 20 rein grafisch auf eine stärkere Abweichung von der Normalverteilung schließen. Inwiefern sich diese Aussage jedoch bestätigt, soll anhand der folgenden Determinierung des Bestimmtheitsmaßes überprüft werden, welche in Abbildung 21 dargestellt wird.

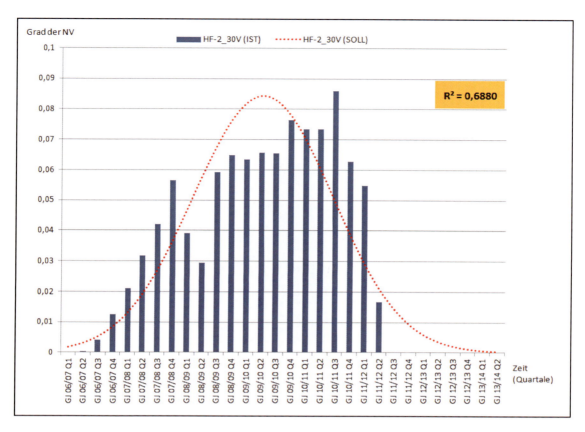

Abbildung 21: Ermittlung des Bestimmtheitsmaßes für die Hauptfamilie-2_30V

Im Vergleich zur vorhergehenden Gruppe ergibt sich für die Hauptfamilie-2/Produktfamilie-30V ein deutlich höheres Bestimmtheitsmaß von R^2 = 68,8%, welches nach Martens[120] als stark mittlere Übereinstimmung zu werten ist. Würde man nun die Grenze für eine positive Normalverteilung dementsprechend ziehen, dass dieser Wert für eine positive Normalverteilung steht, so könnte man darauf aufbauend in weiterer Folge die Phaseneinteilung entsprechend der von Solomon/Sandborn/Pecht festgelegten Parameter vornehmen und eine Lebenszyklusanalyse analog zu den in Abbildung 22 gezeigten Rahmenbedingungen durchführen.

---

[120] Vgl. Kapitel 2.5.8.

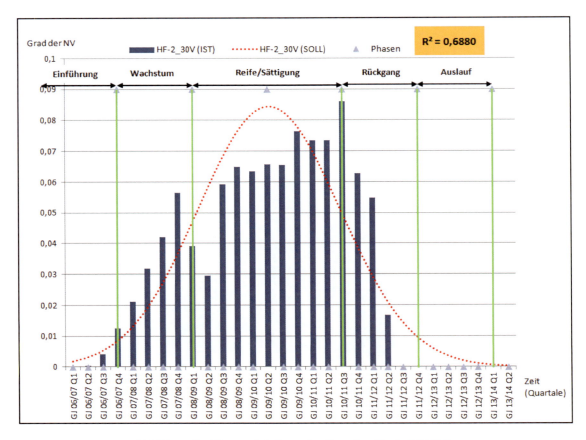

Abbildung 22: Phaseneinteilung des Hauptfamilie-1_30V PLZ

Die Dauer des gesamten Produktlebenszyklus würde entsprechend des SOLL-Kurvenverlaufes 31 Quartale (= 93 Monate oder 7 Jahre und 9 Monate), beginnend in Quartal 3 des Geschäftsjahres 2005/2006 und endend in Quartal 1 des Geschäftsjahres 2013/2014, betragen. Der Grund, dass der planerische Beginn des SOLL-Kurvenverlaufes vor dem tatsächlichen Beginn des Lebenszyklus liegt, liegt daran, dass im IST-Kurvenverlauf das erste Quartal nicht mit 0 verkauften Stück beginnt, sondern bereits einen positiven Wert an verkauften Stückzahlen liefert. Rein rechnerisch muss der bei null beginnende Lebenszyklus somit bereits zu einem früheren Zeitpunkt starten.

Besonders deutlich zu erkennen ist hier der enorme Einfluss externer Faktoren auf den Produktlebenszyklus im Zeitraum Q4_GJ07/08 bis Q3_GJ08/09. In diesen Zeitraum fällt der Einbruch des weltweiten Halbleitermarktes, welcher einen signifikanten externen Einfluss darstellt. Die Folge waren Umsatzeinbrüche in allen Produktgruppen. Zwar erholte sich der Halbleitermarkt ab ca. dem dritten Quartal des Geschäftsjahres 2008/2009 wieder, jedoch hatte der Einbruch auch einen massiven Rückgang der weltweiten Produktionskapazitäten zur Folge. Dies bedingte eine sehr lang andauernde Phase der Allokation im Zeitraum von ca. Quartal 3 des Geschäftsjahres 2008/2009 bis zum Quartal 3 des Geschäftsjahres

2010/2011. Einem sehr hohen Bedarf auf der Nachfrageseite standen begrenzte Kapazitäten und Ressourcen infolge der vorangegangenen Krise als limitierender Faktor auf Anbieterseite gegenüber. Ein Grund für diesen langanhaltenden Zeitraum sind unter anderem die sehr hohen Lieferzeiten für Produktionsequipment in der Halbleiterindustrie. Infolge der Krise am Halbleitermarkt reduzierten natürlich auch die Equipmentlieferanten ihre Kapazitäten und konnten den hohen Bedarf nach relativ rascher Überwindung der Krise nicht bedienen. Eine solche Phase starker Allokation bedingt natürlich auch, dass die jeweiligen Kunden eine Bestellung für eine gewisse, am Ende tatsächlich benötigte Menge bei mehreren Zulieferern gleichzeitig platzieren. Dies hat natürlich auch negative Konsequenzen auf Seite der Planung zur Folge, da der tatsächliche Bedarf auf Kundenseite und die daraus abgeleitete tatsächlich benötigte Kapazität der eigenen Produktion nicht bekannt sind.

Lässt man die Phase der Reife/Sättigung in Abbildung 22 außer Acht, so entwickeln sich alle übrigen Phasen deutlich besser als der prognostizierte Verlauf. Somit reduzieren die starken Einbrüche in der Phase der Reife/Sättigung auch das potentielle Gesamtabsatzvolumen des Herstellers.

Rein aus der Prognose des weiteren Kurvenverlaufs bergen solche starken externen Einflüsse natürlich auch ein hohes Risiko der Fehlplanung. Betrachtet man den tatsächlichen Verlauf des Absatzvolumens in den Phasen Einführung und Wachstum, so könnte man zum Ende der Phase Wachstum fälschlicherweise womöglich davon ausgehen, dass eine Normalverteilung des Kurvenverlaufes vorliegt, das Absatzmaximum bereits in Quartal 4 des Geschäftsjahres 2007/2008 erreicht wurde und man sich aktuell bereits in der Phase des Rückganges befindet, obwohl dies lediglich durch den externen Einfluss bedingt wird und nicht die tatsächlichen Potentiale des zugehörigen Weltmarktes widerspiegeln.

Inwiefern nun Hauptfamilie-1_30V als Referenzverlauf für Hauptfamilie-2_30V verwendet werden kann und welche Berücksichtigung jeweilige Einflussfaktoren finden müssen, soll im nachfolgenden Kapitel erörtert werden.

4.5.5 Summenbetrachtung Hauptfamilie-1 bis -3

Bisher erfolgte bereits eine getrennte Analyse von Hauptfamilie-1_30V und Hauptfamilie-2_30V. Nachfolgend sollen auch Rückschlüsse aus einer Summenbetrachtung dieser Hauptfamilien erfolgen. Zunächst zeigt Abbildung 23 eine Gegenüberstellung der Produktlebenszyklen von Hauptfamilie-1_30V, Hauptfamilie-2_30V und der beginnenden PLZ-Kurve von Hauptfamilie-3_25/30V[121] entkoppelt von der tatsächlichen Zeitachse und mit gleichem Startpunkt.

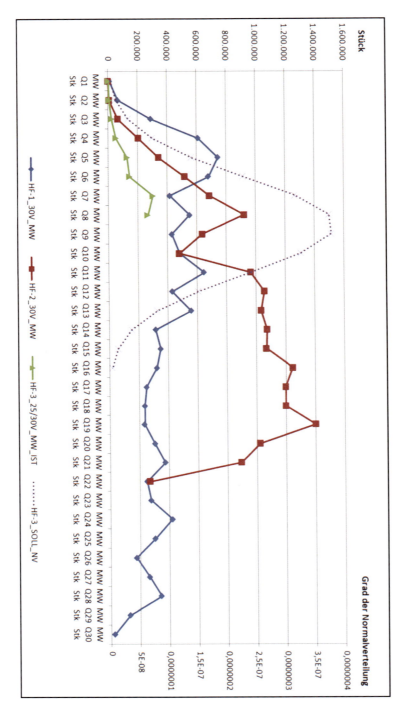

Abbildung 23: Summenbetrachtung der PLZ-Kurve von HF-1, HF-2 und HF-3

---

[121] Bei Hauptfamilie-3 wurde die 25V Produktfamilie als speziell für den Server-Markt optimiertes Derivat eingeführt. Dieses muss jedoch ebenfalls mitberücksichtigt werden, um die Vergleichbarkeit zu HF-1 und HF-2 aufrecht zu erhalten.

Additiv zu den drei bekannten Kurvenverläufen wurde der Versuch unternommen den möglichen SOLL-Verlauf von Hauptfamilie-3_25/30V zu prognostizieren. Als Basis für Mü und Sigma wurde in diesem Fall die relative Veränderung von HF-1_30V auf HF-2_30V ebenfalls auf HF-3_25/30V übertragen. Betrug die Gesamtlebenszyklusdauer von HF-1_30V beispielsweise 30 Quartale und jene von HF-2_30V nur noch 22 Quartale, so entsprach dies einer Verkürzung um ca. 26,7%. Umgelegt auf die mögliche Lebensdauer von HF-3_25/30V würde dies einer Zyklusdauer von lediglich verbleibenden 16 Quartalen entsprechen. Dieselbe Vorgehensweise wurde für die Berechnung von Mü und Sigma herangezogen.

Sehr schön zu erkennen ist in diesem Fall jedoch, dass eine mögliche Prognose des zukünftigen Zyklusverlaufes eben nicht so einfach gestaltet werden kann. Dies zeigt sich bereits beim Vergleich des bisherigen IST und SOLL Verlaufes von HF-3_25/30V und des resultierenden Deltas der beiden Kurven. Würde sich der Trend von HF-1 auf HF-2 ebenfalls in HF-3 fortsetzen, so müsste auch bei HF-3 eine Abflachung der SOLL Kurve speziell zu Beginn des Lebenszyklus zu erkennen sein wie dies bei der IST Kurve ja auch der Fall ist.

Aus dem Vergleich des Lebenszyklusverlaufes von HF-1_30V und HF-2_30V bei gleichem Startpunkt lässt sich jedoch auch erkennen, dass der Kurvenverlauf von HF-1_30V nur bedingt bis überhaupt nicht als Referenzverlauf für HF-2_30V herangezogen werden kann. Die Funktion $f(x_{HF-1\_30V})$ muss um entsprechende Parameter erweitert werden, welche somit auch den abgewandelten Verlauf der Funktion $f(x_{HF-2\_30V})$ erklären können. Hier müsste wohl ein ähnlicher Ansatz als jener von Brockhoff bei der Determinierung der Brockhoff-Funktion gewählt werden, als dieser die für jeden Markt und jedes Produkt separat zu determinierenden Parametern a, b, c und d einführte.[122] Die zugrunde liegende Formel der Normalverteilung muss um ähnliche Parameter erweitert werden, um die internen und externen Einflussfaktoren im Lebenszyklusverlauf in der jeweiligen Zeiteinheit berücksichtigen zu können.

Eventuell liefert eine Betrachtung der unterschiedlichen Lebenszyklen entlang ihrer gesamten Zeitleiste mit unterschiedlichen Startpunkten, wie in Abbildung 24 dargestellt, zusätzliche Erkenntnisse.

---

[122] Vgl. Kapitel 2.5.5.

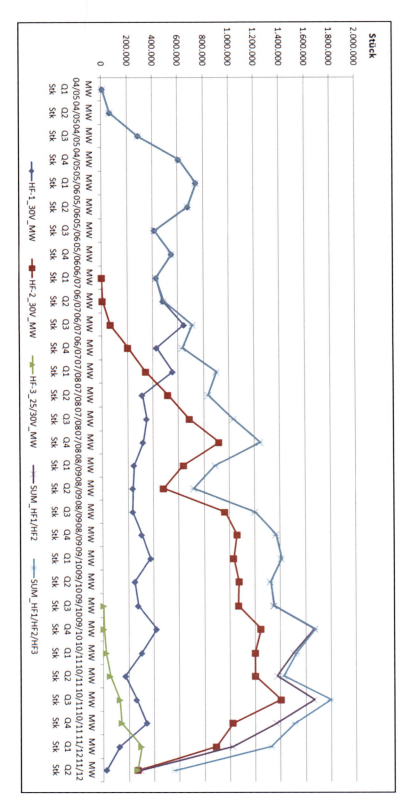

Abbildung 24: Summenbetrachtung HF-1, -2 und -3 über den Zeitverlauf

Die Darstellung in Abbildung 24 ist insofern interessant, als dass sie auch die Entwicklung des Gesamtmarktes, zumindest jenen nicht näher spezifizierten Anteil von Infineon am Gesamtmarkt, darstellt. Der Gesamtmarkt erfährt über die Zeitachse ein deutliches Wachstum. Auch der Einbruch des Halbleitermarktes und die anschließende rasche Erholung des Marktes sind deutlich zu erkennen. Dieses Wachstum des Gesamtmarktes über den Zeitverlauf verzerrt aber gleichzeitig auch den Kurvenverlauf des Produktlebenszyklus. Dort wo HF-1 grundsätzlich eine Auslaufphase durch die Ablösung durch HF-2 erleben sollte, ähnelt der Kurvenverlauf tendenziell eher einer Geraden als einer auslaufenden Produktlebenszykluskurve. Somit könnte durch das Marktwachstum auch die in Kapitel 4.5.3 diskutierte lang anhaltende Rückgangs- und Auslaufphase der HF-1_30V zumindest partiell erklärt werden. Ebenfalls deutlich zu erkennen sind die aufeinander abgestimmten Rück- bzw. Anläufe der aufeinanderfolgenden Technologiegenerationen. In jenem Zeitpunkt in dem HF-2 als Nachfolgegeneration von HF-1 gestartet wurde, sinken auch die Absatzzahlen von HF-1. Ein ähnlicher Verlauf tritt auch ein als HF-2 allmählich von HF-3 abgelöst wird.

Somit zeigt sich neben der Gesamtkonjunktur ebenfalls auch das Gesamtmarktwachstum als bestimmender externer Einflussfaktor auf den Produktlebenszyklus von Halbleiterprodukten.

4.6 Zusammenfassung der Datenanalyse

Die vorangegangene, für den Halbleitermarkt in dieser Form nicht repräsentative, Datenanalyse lieferte diverse Ergebnisse und Rückschlüsse.

Zunächst zeigte sich, dass sich die Produktlebenszyklen der Produkte einer bestimmten Produktgruppe teilweise sehr diffus verhalten können. Das arithmetische Mittel aller Produkte über den Zeitverlauf muss somit nicht immer als entsprechender Trend für die Einzelprodukte der Gruppe dienen. Somit lässt sich jedoch auch der zukünftige Verlauf eines neuen Produktes in dieser Gruppe nicht entsprechend determinieren. Der Verlauf auf einem hohen Aggregationslevel lässt sich somit besser bestimmen als der mögliche Verlauf auf einem detaillierterem Aggregationslevel.

Aufeinanderfolgende Produktgenerationen weisen teilweise deutlich differenzierte Verläufe ihrer trendförmigen Produktlebenszyklen auf. Somit lässt sich der Produktlebenszyklusverlauf einer Vorgängergeneration nicht synonym für die jeweilige Nachfolgergeneration verwenden ohne die entsprechenden Besonderheiten und die internen und externen Einflüsse, welche auf den Referenzzyklus wirkten, zu kennen und entsprechend auf den zu prognostizierenden Zielzyklus anzupassen.

Die internen und externen Einflussfaktoren weisen einen eklatanten Einfluss auf den jeweiligen Zyklusverlauf auf. Zu den internen Einflussfaktoren zählen die Kapazitäten des Herstellers, die verfügbaren Ressourcen, das im Vergleich zum geplanten tatsächlich vorherrschende Qualitätsniveau, aber auch alle Entscheidungen der maßgeblich beteiligten Unternehmensbereiche wie Unternehmensleitung, Management, diverse Sales- und Marketingabteilungen, Supply Chain Management, Produktion, etc. Zu den externen Einflussfaktoren zählen unter anderem das Verhalten der Konkurrenz, Veränderungen des Marktes bzw. der Gesamtkonjunktur, aber auch gesetzliche, politische, technologische und gesellschaftliche Veränderungen. Diese Faktoren müssen bei einer entsprechenden Analyse und Prognose von Produktlebenszyklen berücksichtigt werden. Die Annahme eines einfachen normalverteilten Zyklusverlaufes lässt sich somit nicht bestätigen. Dieser muss auch immer um die entsprechenden Einflussfaktoren im jeweiligen Zeitintervall bereinigt werden. Eine Berücksichtigung dieser Einflussfaktoren müsste ähnlich wie bei Brockhoff stattfinden. Diese müssen jedoch für jedes Produkt und jeden Markt speziell adaptiert werden. Die involvierten Unternehmensbereiche müssen somit über umfassendes Wissen über ihre Produkte und deren gesamte Rahmenbedingungen verfügen.

Die Datenanalyse hat ebenfalls gezeigt, dass der Produktlebenszyklus entsprechend der Definition in der Einführungsphase nicht mit ein paar wenigen Stück startet, sondern dass bereits im ersten Zeitabschnitt der Einführungsphase durchaus hohe Absatzmengen erreicht werden können, welche jedoch in einer vergleichbaren normalverteilten SOLL-Kurve erst zu einem späteren Zeitpunkt erreicht werden würden. Dies lässt darauf schließen, dass eine strikte Trennung zwischen Vor-Produktlebenszyklus (Entwicklungszyklus) und dem eigentlichen Produktlebenszyklus in dieser Form nicht gezogen werden kann. Viel eher verschwimmen die Grenzen zwischen diesen beiden. Somit stellen eigentlich die ersten ausgelieferten Mengen an Produktmustern bereits einen Start des Produktlebenszyklus dar, auch wenn das finale Produkt in dieser Phase eventuell noch adaptiert werden muss.

Das von Solomon/Sandborn/Pecht verwendete Beispiel eines 16M Speicherbauteils lieferte als Ergebnis ein sehr schönes normalverteiltes Bild. Hier muss jedoch hinterfragt werden, ob der Speichermarkt im Gegensatz zu jenen Märkten, auf denen Infineon tätig ist, total unterschiedliche Rahmenbedingungen aufweist. So ist der Speichermarkt allgemein einfacher strukturiert als der restliche Halbleitermarkt und weist auch weniger Wettbewerber auf. Der Speichermarkt ist auch in geringerem Maße an die Entwicklung der Gesamtkonjunktur als an die zu Grunde liegende Technologiegeneration gebunden. Auch ist eine Erhebung des Gesamtmarktes und der auf diesem Markt gehandelten Einzelprodukte teilweise einfacher, da eine überschaubare Menge an Wettbewerbern existiert. Somit könnte auch der Rückschluss gezogen werden, dass für die von Infineon untersuchten Produkte deshalb keine hochgradige Normalverteilung nachgewiesen werden konnte, da nicht der gesamte Weltmarkt einer spezifischen Technologiegruppe untersucht wurde, sondern lediglich jener Ausschnitt, welcher von Infineon bedient wird. Somit lässt sich die Frage aufwerfen, ob bei einer Untersuchung des Gesamtweltmarktes eine Normalverteilung der jeweiligen Produktlebenszyklen nachgewiesen werden könnte.

5 Standortbestimmung innerhalb des Produktlebenszyklus und abgeleitete Handlungsempfehlungen für das Bestandsmanagement

Im folgenden Kapitel sollen die zu Beginn aufgeworfenen Forschungsfragen und Forschungsziele anhand der Ergebnisse der durchgeführten Literaturrecherche, der Experteninterviews und der Datenanalyse beantwortet werden.

5.1 Die Standortbestimmung innerhalb des Produktlebenszyklus

Zunächst wurde die Frage formuliert, welcher Produktlebenszyklus sich für spezifische Halbleiterprodukte nachweisen lässt bzw. ob sich Bestimmungspunkte zur Bestimmung der jeweiligen Produktlebenszyklusphase festlegen lassen. Daraus abgeleitet ergibt sich das Forschungsziel Kriterien zu erarbeiten, anhand derer sich die aktuelle Phase des Produktlebenszyklus für ein ausgewähltes Produkt bestimmen lässt.

Sowohl Literaturrecherche, als auch die Ergebnisse der Experteninterviews lassen darauf schließen, dass jedes Produkt einen spezifischen Verlauf unterschiedlicher Lebensphasen vom Zeitpunkt seiner Entwicklung bis zu dessen Entnahme aus dem Markt durchläuft. Je nach Definition des Anwenders dieses Modells werden dabei u.a. die Phasen Einführung, Wachstum, Reife, Sättigung, Rückgang und Auslauf unterschieden. Diese eigentlichen Lebenszyklusphasen müssen dabei aber auch um den Entwicklungszyklus erweitert werden, da die bereits während dieser Phase ausgelieferten Mustermengen dem Lebenszyklus zuordenbar sind. Als Referenzmodell für elektronische Bauelemente soll dabei laut Definition der Industries Association (EIA) die Gaußsche Normalverteilung herangezogen werden.

Die Datenanalyse hat gezeigt, dass ein als Referenz verwendbarer Produktlebenszyklus eher nicht auf Ebene des einzelnen Produktes, sondern tendenziell eher auf der höheren Granularitätsebene der Hauptfamilie in Verbindung mit der Produktfamilie zu finden ist. Die einzelnen Produkte innerhalb einer Hauptfamilie/Produktfamilie weisen ein zu diffuses Verhalten auf, als dass sie als Referenz herangezogen werden könnten. Die Gaußsche Normalverteilung kann zwar als Grundmodell herangezogen werden, jedoch muss dieses um die den Produktlebenszyklus beeinflussenden internen und externen Einflussfaktoren bereinigt werden.

Die Standortbestimmung innerhalb des Produktlebenszyklus sollte sich demnach an den in Abbildung 25 und 26 dargestellten Schritten orientieren.

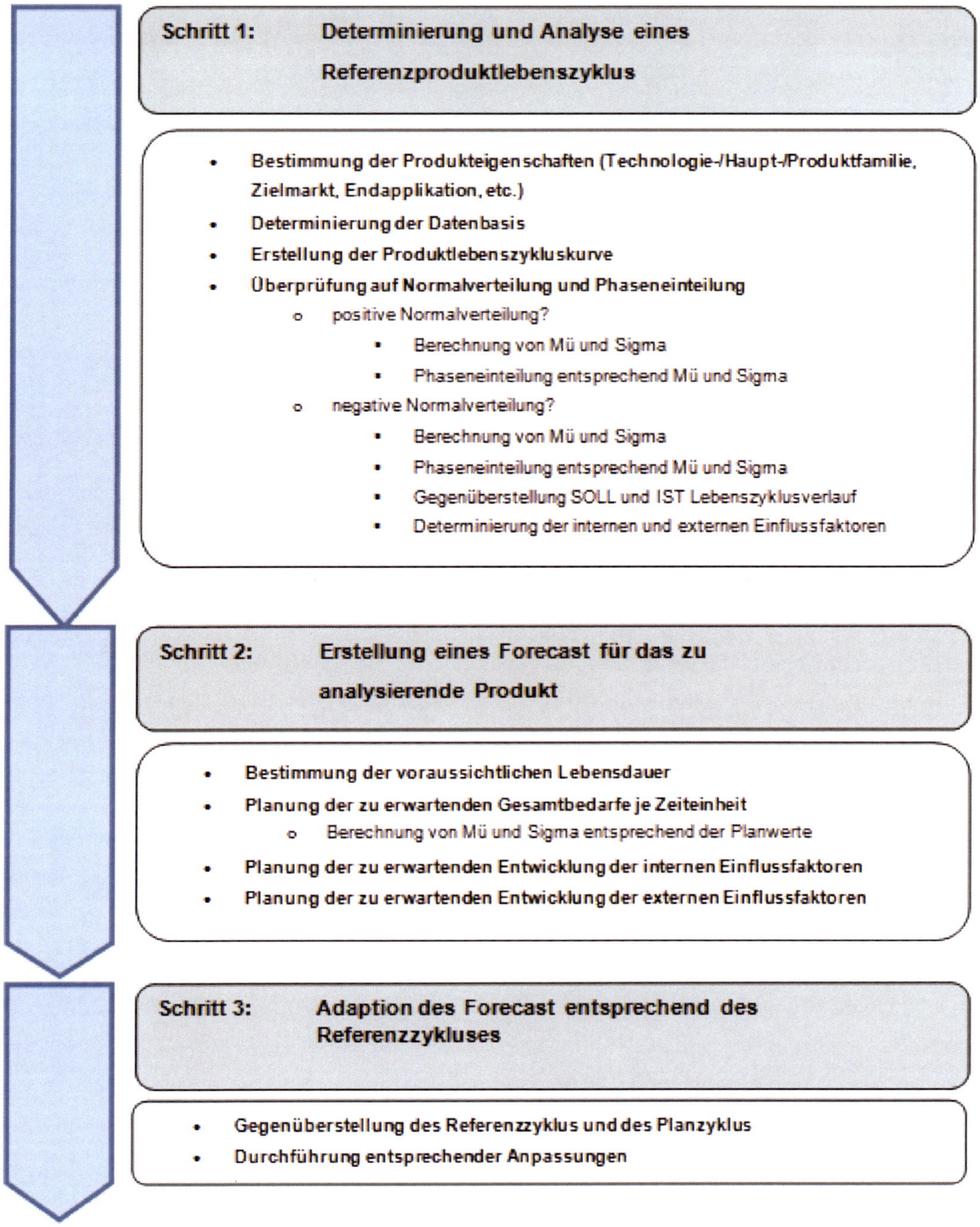

Schritt 1: Determinierung und Analyse eines Referenzproduktlebenszyklus

- Bestimmung der Produkteigenschaften (Technologie-/Haupt-/Produktfamilie, Zielmarkt, Endapplikation, etc.)
- Determinierung der Datenbasis
- Erstellung der Produktlebenszykluskurve
- Überprüfung auf Normalverteilung und Phaseneinteilung
  - positive Normalverteilung?
    - Berechnung von Mü und Sigma
    - Phaseneinteilung entsprechend Mü und Sigma
  - negative Normalverteilung?
    - Berechnung von Mü und Sigma
    - Phaseneinteilung entsprechend Mü und Sigma
    - Gegenüberstellung SOLL und IST Lebenszyklusverlauf
    - Determinierung der internen und externen Einflussfaktoren

Schritt 2: Erstellung eines Forecast für das zu analysierende Produkt

- Bestimmung der voraussichtlichen Lebensdauer
- Planung der zu erwartenden Gesamtbedarfe je Zeiteinheit
  - Berechnung von Mü und Sigma entsprechend der Planwerte
- Planung der zu erwartenden Entwicklung der internen Einflussfaktoren
- Planung der zu erwartenden Entwicklung der externen Einflussfaktoren

Schritt 3: Adaption des Forecast entsprechend des Referenzzykluses

- Gegenüberstellung des Referenzzyklus und des Planzyklus
- Durchführung entsprechender Anpassungen

Abbildung 25: Bestimmung der aktuellen Phase des Produktlebenszyklus (I)[123]

---

[123] Quelle: eigene Darstellung.

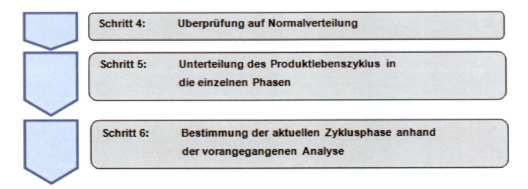

Abbildung 26: Bestimmung der aktuellen Phase des Produktlebenszyklus (II)[124]

5.2 Abgeleitete Handlungsempfehlungen für das Bestandsmanagement

Aufbauend auf der anfänglich gestellten Forschungsfrage hinsichtlich des Produktlebenszyklus wurde eine weitere Forschungsfrage hinsichtlich des Bestandsmanagements eines Halbleiterherstellers aufgeworfen. Diese Forschungsfrage lautete, welchen Einfluss die jeweils festgestellte Produktlebenszyklusphase auf die Bestandshöhen eines Halbleiterherstellers hat. Daraus abgeleitet wurde das Forschungsziel definiert Handlungsempfehlungen hinsichtlich des Bestandsmanagements in der jeweiligen Phase des Produktlebenszyklus abzuleiten.

Auch hier lieferten Literaturrecherche und Experteninterviews ein übereinstimmendes Ergebnis. Das Bestandsmanagement eines Halbleiterherstellers birgt einige verborgene Potentiale um die Gesamtperformance des Unternehmens erheblich zu steigern. Zum einen trägt es die Verantwortung für die in den Lagerbeständen gebundenen finanziellen Ressourcen des Unternehmens und trägt somit entscheidend zum Unternehmenserfolg bei. Zum anderen stellt effizientes Supply Chain Management auf Basis eines optimierten Bestandsmanagements einen erheblichen Wettbewerbsvorteil gegenüber der Konkurrenz dar. Bei manchen Produkten wie zum Beispiel Massenprodukten stellt flexible Lieferbereitschaft gar eine der größten Möglichkeiten dar sich von der Konkurrenz zu unterscheiden.

Welche Handlungsempfehlungen können nun basierend auf dem Produktlebenszyklus hinsichtlich des Bestandsmanagement gegeben werden?

Sofern auf Basis eines Referenzzyklus und der Determinierung der internen und externen Einflussfaktoren ein entsprechender Produktlebenszyklus und daraus abgeleitet die einzelnen Phasen desselben prognostiziert werden können, ist es Aufgabe des Bestandsmanagements phasenspezifische Bestandsstrategien zu erarbeiten. Diese Bestandsstrategien

---

[124] Quelle: eigene Darstellung.

müssen dabei die jeweiligen Charakteristika der einzelnen Phasen berücksichtigen und jeweils auch möglichst jenen Zeitpunkt festlegen, in denen der Anlauf einer neuen Phasenstrategie einzusetzen hat.

An die Bestandsstrategie der Einführungsphase werden grundsätzlich keine spezifischen Anforderungen gestellt. Hier ist lediglich darauf zu achten immer genügend Muster bzw. Mengen des finalen Produkts verfügbar zu haben, um entsprechende Interessenten bedienen zu können. Gleichzeitig sollte spätestens in dieser Phase gewährleistet werden, dass die entsprechenden Ressourcen und Kapazitäten für die folgende Wachstumsphase bereitgestellt werden können.

Die besondere Herausforderung der Wachstumsphasen-Strategie ist es eben den Startzeitpunkt und Dauer dieser Phase, ebenso wie Anstieg und absolute Höhe der Absatzmengen zu bestimmen und entsprechend der Lieferzeiten, Losgrößen, Haltbarkeitsdauern und ähnlicher halbleiterspezifischer Rahmenbedingungen die optimalen Pufferbestände zu produzieren und diese über den Verlauf der Phase auch beizubehalten.

Für die Reife- bzw. Sättigungsphase gilt Ähnliches wie für die Wachstums-Phase. Hier ist es wichtig den Übergang von der Wachstums- auf die Reife-/Sättigungsphase richtig einschätzen zu können, um nicht in zu hohen Mengen weiter zu produzieren und damit Überbestände zu generieren. Diese Überbestände könnten zwar in der nun folgenden Reife- bzw. Sättigungsphase abgebaut werden, jedoch würde ein Abbau von Pufferbeständen eine gleichzeitige Unterauslastung der bereitstehenden Kapazitäten und damit hohe finanzielle Verbindlichkeiten bedeuten. Abgesehen davon gelten aber auch für diese Phase keine speziellen Anforderungen hinsichtlich des Bestandsmanagements. Grundsätzlich gilt es gewisse Pufferbestände vorzuhalten um auf etwaige Marktschwankungen reagieren zu können, ansonsten produziert man eben auf Basis gewisser Planwerte und tatsächlich vorhandener Kundenbestellungen.

In der Phase des Rückgangs muss darauf geachtet werden nicht allzu hohe Pufferbestände aufzubauen, welche dann in weiterer Folge nicht mehr verkauft werden könnten. In dieser Phase sollte die Bestandsstrategie lauten die Bestände allmählich abzubauen und auch hinsichtlich der Produktionsmengen nur noch eine entsprechende Make-To-Order Strategie zu fahren. Sollten dennoch entsprechende Bestände vorhanden sein, sollte versucht werden gemeinsam mit den auf die Kunden fokussierten Abteilungen wie Marketing und Sales einen entsprechenden Abverkauf dieser Restbestände zu forcieren.

Der Übergang von der Phase des Rückganges zur Phase des Auslaufs ist dann eher fließend. Grundsätzlich gilt jedoch Ähnliches, sprich Abbau allfälliger Restbestände und Produktionsvorgaben nur noch in Höhe der Kundenbestellungen.

Parallel zur Bestandsstrategie einer aktuellen Produktgeneration muss ab einem gewissen Zeitpunkt aber auch die Bestandsstrategie für eine allfällige Nachfolgegeneration in Kraft gesetzt werden. Die Bestandstrategien der Vorgänger- und Nachfolgergeneration müssen ebenfalls dementsprechend aufeinander abgestimmt werden.

Wie bereits festgehalten, lässt sich der Produktlebenszyklus tendenziell eher für höhere Granularitätslevel prognostizieren. Für Einzelprodukte scheint dies zumindest für die vorliegende Datenbasis unmöglich. Somit kann der Produktlebenszyklus als Informationsbasis für das Bestandsmanagement auch nur auf einem höheren Level einfließen. Inwiefern dieser abstrakte höhere Level auf die einzelnen Produkte projiziert werden kann, stellt eine Herausforderung an die im Planungsprozess beteiligten Parteien dar. Grundsätzlich wird sich der prognostizierte Verlauf eher für die Hauptprodukte einer Produktgattung eignen. Zu hinterfragen ist hier aber auch, ob die einmal definierten Hauptprodukte auch immer den Status als Hauptprodukt über den Lebenszyklus beibehalten, oder auch hier ebenfalls Änderungen über die Zeitachse zu verzeichnen sind.

Des Weiteren ist festzuhalten, dass eine einmal erstellte Produktlebenszyklusprognose keinesfalls eine immerwährende Daseinsberechtigung erlangt hat. Je weiter die Zeit voranschreitet und je mehr Produkte einer speziellen Produktgattung am Markt etabliert werden, desto mehr Daten können als Basis für Berechnungen herangezogen werden und desto genauer wird das Ergebnis dieser Berechnungen werden. Genauso wie der Forecast ein sich auf definierter zeitlicher Basis wiederholender Prozess ist, in diesem Fall meist auf monatlicher Basis, genauso muss diese regelmäßige Aktualisierung für eine Produktlebenszyklusprognose und damit eine Aktualisierung der jeweiligen Bestandsstrategie erfolgen.

Abschließen bleibt festzuhalten, dass der Produktlebenszyklus keine detaillierten Prognosen auf spezifischem Level liefern kann, jedoch als Indikator für das Bestandsmanagement durchaus seine Berechtigung findet. Auch hier gilt der allgemeine Ansatz, dass das Ergebnis nur so gut wie die der jeweilige Input sein kann.

6 Kritische Würdigung

6.1 Resümee

„Pläne sind nichts, Planung ist alles."[125] – Gemäß diesem Zitat könnte das Resümee zu dieser Studie gezogen werden.

Der Produktlebenszyklus in der Halbleiterindustrie ist ein interessantes Forschungsgebiet, welches bisher in der Wissenschaft keine allzu umfassende Berücksichtigung fand. Zwar wurde das Modell des Produktlebenszyklus von unterschiedlichsten Autoren über eine Periode von mehr als einem halben Jahrhundert immer wieder aufgegriffen, jedoch konnten bisher keine abschließenden Resultate determiniert werden.

Grundsätzlich kann zum Abschluss dieser Arbeit der zu Grunde liegenden Idee, dass ein jedes Produkt während seiner gesamten Lebensdauer einen spezifischen Verlauf der u.a. Absatzkurve, unterteilt in verschiedene Phasen, aufweist, zugestimmt werden, jedoch konnte nicht erörtert werden, welche Anzahl und Bezeichnung der Phasen als optimal zu erachten ist und welche Dauer die einzelnen Phasen aufweisen. Eine Antwort auf diese Fragen konnte leider auch nicht im Rahmen der Literaturrecherche gefunden werden.

Zwar wurde von der Electronic Industries Association die Gaußsche Normalverteilung als zugrundeliegender SOLL Kurvenverlauf für den Produktlebenszyklus elektronischer Bauelemente definiert und unterteilten Solomon/Sandborn/Pecht darauf aufbauend den Lebenszyklus in sechs bzw. sieben unterschiedliche Phasen, welche eine gleichverteilte Dauer aufweisen, jedoch konnte dieser Ansatz im Zuge der empirischen Analyse nicht bestätigt werden. Viel mehr zeigte sich, dass sowohl die internen als auch externen Einflussfaktoren auf den Produktlebenszyklus eine sehr starke Rolle einnehmen. In der Formel für die Normalverteilung finden diese Einflussfaktoren bisher jedoch keine Berücksichtigung.

Die Formel für den normalverteilten SOLL-Verlauf muss somit um die spezifischen internen und externen Einflussfaktoren des zu analysierenden Betrachtungsniveaus erweitert werden. Eine Überprüfung dieser Einflussfaktoren und somit des finalen Wertes der Produktlebenszykluskurve im jeweiligen Zeitintervall muss in jedem einzelnen Zeitintervall des Zyklusverlaufes erneut durchgeführt und angepasst werden, um den tatsächlich zu erzielenden Wert in der jeweiligen Periode entsprechend den tatsächlich vorherrschenden Rahmenbedingungen zu manipulieren. Welche und wie viele Einflussfaktoren letztendlich wirklich eingesetzt werden müssen, um eine entsprechende Anpassung an die Realität zu erzielen, hängt vom zu analysierenden Produkt und dem jeweiligen Markt, auf welchem es angeboten wird, ab.

---

[125] Dwight D. Eisenhower. 34. Präsident der Vereinigten Staaten von Amerika (1890 – 1969).

Somit ist es nun auch schwierig dementsprechende Rückschlüsse aus dem Produktlebenszyklus für das Bestandsmanagement eines Halbleiterherstellers zu ziehen. Hier lässt sich die Aussage treffen, dass optimales Bestandsmanagement einen deutlichen Beitrag zum Unternehmenserfolg liefert und dass bei entsprechender Determinierung des Produktlebenszyklus eine phasenspezifische Bestandsstrategie hinsichtlich der zu wählenden Produktionsstrategie, der zu wählenden Pufferbestandshöhen entlang der gesamten Supply Chain, dem optimalen Zeitpunkt für das Einsetzen der Bestandsstrategie für die nachfolgende Zyklusphase usw. erarbeitet werden kann. Inwiefern und, vor allem, wie schnell die auf den Lebenszyklus wirkenden internen und externen Einflussfaktoren erkannt und die Bestandsstrategie dahingehend adaptiert werden kann, lässt sich in diesem Zusammenhang nicht final determinieren und wird natürlich auch stark von den in der Halbleiterindustrie vorherrschenden Rahmenbedingungen begrenzt. Absehbare Veränderungen der Parameter lassen sich auch dementsprechend in eine Strategie einarbeiten, während hingegen plötzliche und tiefgreifende Veränderungen, mit denen die Halbleiterindustrie in der Vergangenheit aber auch immer wieder konfrontiert wurde, wie zum Beispiel Markteinbrüche oder ähnliche Szenarien, nur bedingt im Vorhinein erkannt und berücksichtigt werden können.

Zurückkehrend zum anfänglichen Zitat lässt sich sagen, dass zwar eine gewisse Planung des Produktlebenszyklus und daraus abgeleitet des Bestandsmanagement erfolgen kann, diese jedoch fortwährend von Zeitintervall zu Zeitintervall neu überprüft und dementsprechend angepasst werden muss.

6.2 Ausblick

Abschließend soll nun basierend auf den während der Verfassung dieser Studie offengebliebenen Fragen noch ein Ausblick auf mögliche zukünftige Forschungsfelder gegeben werden.

Zunächst stellt sich die Frage nach einer umfassenden empirischen Analyse der Produkte der Halbleiterindustrie. Hier wurde bereits die Frage aufgeworfen, ob eine Analyse eines Gesamtmarktes einen deutlicher normalverteilten Produktlebenszyklusverlauf erheben würde. Daraus abgeleitet könnte evtl. im Umkehrschluss geklärt werden, warum für die von Infineon betrachteten Produkte eben keine hochgradige Normalverteilung nachgewiesen werden konnte.

Auch eine detailliertere Analyse der möglichen Einflussfaktoren und wie diese in weiterer Folge entsprechend in eine Formel zur Beschreibung des Produktlebenszyklus integriert werden könnten, ist eine potentielle Ausgangslage für zukünftige Forschungsarbeiten.

Wie die Analyse der Preisentwicklung von Hauptfamilie-2 gezeigt hat, reicht eine reine Betrachtung der Preisentwicklung zunächst nicht aus, um daraus Rückschlüsse auf die jeweilige Phase ziehen zu können. Auch dieses Thema könnte ein Anknüpfungspunkt für zukünftige Untersuchungen sein. Hier wäre die Frage zu klären, welche Kennzahlen hier zusätzlichen Aufschluss geben könnten und in welcher Zusammensetzung diese optimal angewendet werden könnten.

Hinsichtlich des Bestandsmanagements wäre zu klären, welche Unterteilung des Produktlebenszyklus vorgenommen werden soll. Sprich, welches Modell ist das optimalste für das jeweilige Produkt, wie viele Phasen und welche Bezeichnungen sollten herangezogen werden.

Ein weiterer interessanter Punkt in Bezug auf den Produktlebenszyklus und das Bestandsmanagements wäre das Gebiet der unternehmensinternen Planung. Inwiefern lässt sich aus dem unternehmensinternen Forecasting bereits der Produktlebenszyklus der Einzelprodukte und höher geordneter Granularitätsstufen ableiten und dementsprechend auch Rückschlüsse auf das Bestandsmanagement ziehen? Das Forecasting beim untersuchten Unternehmen ist ja bereits so organisiert, dass unterschiedlichste Sichtweisen mehrerer Unternehmensbereiche einfließen und die rohen Kundenforecasts nochmal überarbeiten. Somit müsste bereits das Wissen über aktuelle Rahmenbedingungen und mögliche Einflüsse innerhalb des Planungshorizontes einfließen und die internen und externen Einflussfaktoren im Produktlebenszyklus teilweise abbilden. Hierbei wären der jeweilige Planungshorizont und die damit zusammenhängenden Problematiken, wie zum Beispiel ein Planungshorizont von ca. 6 bis 12 Monaten, jedoch Produktlebenszyklen von mehreren Jahren und somit eine fehlende Gesamtsicht zu betrachten.

Literaturverzeichnis

Monographien:

Backhaus, K. u.a. (2008): Multivariate Analysemethoden. Eine anwendungsorientierte Einführung. 12. Auflage. Berlin, Heidelberg: Springer.

Beyer, D. u. a. (2010): Markovian Demand Inventory Models. New York, Dordrecht, Heidelberg, London: Springer.

Brockhoff, K. (1967): A Test for the Product Life Cycle. In: Econometrica, Vol. 35, No. 3 – 4 (July – October 1967), S. 472-484.

Butzer, P. (2007): Abschöpfungsstrategien am Ende von Lebenszyklen. 1. Auflage. Norderstedt: Grin.

Christopher, M. (1998): Logistics and Supply Chain Management. Strategies for Reducing Cost and Improving Service. 2. Auflage. Edinburgh: Pitman.

Dhalla, N. K./Yuspeh, S. (1976): Forget the Product Life Cycle Concept!. In: Harvard Business Review (Hrsg.), Ausgabe 54 Jänner/1976, S. 102-112.

Duller, C. (2008): Einführung in die nichtparametrische Statistik mit SAS und R. Ein anwendungsorientiertes Lehr- und Arbeitsbuch. Heidelberg: Physica.

Fischer, L. (2008): Bestandsoptimierung für das Supply Chain Management. Zeitdiskrete Modelle und praxisrelevante Ansätze. Norderstedt: Books on Demand.

Fordyce, K. u. a. (2011): The Ongoing Challenge: Creating an Enterprise-Wide Detailed Supply Chain Plan for Semiconductor and Package Operations. In: Kempf, K./Keskinocak, P./Uzsoy R. (2011): Planning Production and Inventories in the Extended Enterprise. A State of the Art Handbook. Volume 2. New York, Dordrecht, Heidelberg, London: Springer, S. 313 – 387.

Graumann, M. (2008): Controlling. Begriff, Elemente, Methoden und Schnittstellen. 2., vollständig überarbeitete Auflage. Düsseldorf: IDW.

Hagl, S. (2008): Schnelleinstieg Statistik. 1. Auflage. München: Haufe.

Henzler, H. A. (Hrsg.) (1988): Handbuch Strategische Führung. Wiesbaden: Gabler.

Herold, J./Völker L. (2011): Zufall und Notwendigkeit. Mathematische Untersuchungen zur Modellierung der Diffusion von Innovationen. Arbeitspapier der Adam-Ries-Fachhochschule. Arbeitspapier Nr. 6.

Hinterberger, G. (2002): Materialbedarfsplanung bei variantenreicher Produktion. Innovative Ansätze zur Bestimmung von Sicherheitsbeständen. 1. Auflage. Wiesbaden: Deutscher Universitäts-Verlag.

Höft, U. (1992): Lebenszykluskonzepte. Grundlage für das strategische Marketing- und Technologiemanagement. Berlin: Schmidt.

Hungenberg, H./Wulf, T. (2011): Grundlagen der Unternehmensführung. Einführung für Bachelorstudierende. 4., aktualisierte und erweiterte Auflage. Heidelberg, Dordrecht, London, New York: Springer.

Infineon Technologies AG (Hrsg.) (2007): IFX Institute. Supply Chain Management – Basic Seminar. Module: Appendix. Version 2.4. München.

Infineon Technologies AG (Hrsg.) (2008): IFX – Volume Planning. Longterm planning MinMax. Shortterm planning Supply Chain – VRFC. Process Description. München.

Infineon Technologies AG (Hrsg.) (2010): Plan. Production Management and Inventory Handling. An IFX SC Academy Intranet eLearning Module. München.

Infineon Technologies AG (Hrsg.) (2011): Project Management & Development Handbook. München.

Infineon Technologies AG (Hrsg.) (2012): Unternehmenspräsentation. München.

Kempf, K. G./Keskinocak, P./Uzsoy, R. (2011): Planning Production and Inventories in the Extended Enterprise. A State of the Art Handbook. Volume 2. New York, Dordrecht, Heidelberg, London: Springer.

Koppelmann, U. (2001): Produktmarketing. Entscheidungsgrundlagen für Produktmanager. 6. überarbeitete und erweiterte Auflage. Berlin: Springer.

Kortzfleisch, G. v. (Hrsg.) (1971): Wissenschaftsprogramm und Ausbildungsziele der Betriebswirtschaftslehre. Tagungsberichte des Verbandes der Hochschullehrer für Betriebswirtschaft e. V. Band 1. Bericht von der wissenschaftlichen Tagung in St. Gallen vom 2 – 5 Juni 1971. Berlin: Duncker & Humblot.

Kummer, S. (Hrsg.)/Grün, O./Jammernegg, W. (2009): Grundzüge der Beschaffung, Produktion und Logistik. Das Übungsbuch. München: Pearson.

Levitt, T. (1965): Exploit the product life cycle. In: Harvard Business Review (Hrsg.). Ausgabe 43 November/1965, S. 81-94.

Martens, J. (2003): Statistische Datenanalyse mit SPSS für Windows. 2. Auflage. München: Oldenburg.

Melzer-Ridinger, R. (2007): Supply Chain Management. Prozess- und unternehmensübergreifendes Management von Qualität, Kosten und Liefertreue. München: Oldenbourg.

Michel, S. unter redaktioneller Mitarbeit von Pifko C. (2009): Marketingkonzept. Grundlagen mit zahlreichen Beispielen, Repetitionsfragen mit Lösungen und Glossar. 2. überarbeitete Auflage. Zürich: Compendio.

Rübsamen, D. (2004): Technische Kumulations Analyse. Die Bausteine für einen nachhaltigen Performance Anstieg. 1. Auflage. München: Finanzbuch.

Solomon, R./Sandborn, P./Pecht, M. (2000): Electronic Part Life Cycle Concepts and Obsolescence Forecasting. IEEE Trans. On Components and Packaging Technologies, Dec. 2000, pp. 707 – 717.

Steland, A. (2010): Basiswissen Statistik. Kompaktkurs für Anwender aus Wirtschaft, Informatik und Technik. 2. Auflage. Heidelberg, Dordrecht, London, New York: Springer.

Stölzle, W./Heusler, K. F./Karrer, M. (2004): Erfolgsfaktor Bestandsmanagement. Konzept, Anwendung, Perspektiven. Zürich: Versus.

Uhe, G. (2002): Operatives Marketing. Gezielter Einsatz des Marketing-Instrumentariums. 1. Auflage. Berlin: Cornelsen.

Webber, L./Wallace, M. (2008): Qualitätssicherung für Dummies. Qualität ist gut, Kontrolle ist besser. 1. Auflage. Weinheim: WILEY-VCH.

Internetquellen:

Büttner, H.: Internationales Management Notizen. Information zur internationalen Geschäftstätigkeit und Management. URL: http://bliki.international-management-notes.eu/wiki/wiki-start/internationalisierungsstrategien/theoretische-internationalisierungsansaetze/produktlebenszyklus-theorie/#toc-internationaler-produktlebenszyklus [Stand: 04.03.2012].

Gabler Verlag (Herausgeber), Gabler Wirtschaftslexikon, Stichwort: Bestimmtheitsmaß. URL: http://wirtschaftslexikon.gabler.de/Archiv/57754/bestimmtheitsmass-v8.html [Stand: 18.06.2012].

Microsoft Österreich GmbH (2012): Excel. Hilfe und Anleitungen. URL: http://office.microsoft.com/de-at/excel-help/ [Stand 08.06.2012].

Boston Consulting Group: Portfoliomatrix. URL: http://www.bcg.at/bcg_osterreich/geschichte/klassiker/portfoliomatrix.aspx [Stand: 25.02.2012].

Universität Erlangen (2004): Produktlebenszyklus/Wachstumsverlauf von Produkten (Entwurf). Kapitel 2, Marktprozesse, Produktpolitik. Online-Lehrbuch. URL: http://www.economics.phil.uni-erlangen.de/bwl/lehrbuch/kap2/prodzy/prodzy.pdf [Stand: 11.03.2012].

Universität Leipzig, Studienkolleg Sachsen (2012): Lehrmaterial Informatik: Regressionsanalyse. URL: http://www.uni-leipzig.de/stksachs/lehrbuecher/informatik/Regressionsanalyse.pdf [Stand: 25.03.2012].

Witherton, P. (2012a): Wirtschaftslexikon24.net. Losgröße. URL: http://www.wirtschaftslexikon24.net/d/losgroesse/losgroesse.htm [Stand: 07.06.2012].

Witherton, P. (2012b): Wirtschaftslexikon24.net. Produktlebenszyklusanalyse. URL: http://www.wirtschaftslexikon24.net/d/produktlebenszyklusanalyse/produktlebenszyklusanalyse.htm [Stand: 11.03.2012].

Anhang

1. Interviewleitfaden
2. Meilensteinplan der Infineon Technologies AG
3. Erstellung eines Quantil-Quantil-Plots in Microsoft Office Excel
4. Berechnung des Bestimmtheitsmaßes in Microsoft Office Excel
5. Datenbasis Hauptfamilie-1_Produktfamilie-30V
6. Datenbasis Hauptfamilie-2_Produktfamilie-30V
7. Datenbasis Haupftamilie-3_Produktfamilie-25/30V

1. Interviewleitfaden

A Allgemeiner Teil

1. Name des Interviewpartners:

2. Ort:
3. Datum:

4. Stellenbezeichnung in der Firma:

5. In dieser Funktion verantwortlich für:

6. Angestellt in der Firma seit:

B Der Produktlebenszyklus

7. Ist Ihnen das Modell des PLZ bekannt? O JA   O NEIN

7.1. Wenn JA, wie würden Sie das Modell kurz zusammenfassen?

7.2. Wenn NEIN, was können Sie sich unter diesem Modell vorstellen?

8. Hat dieses Modell Ihrer Meinung nach ebenfalls Gültigkeit in der Halbleiterindustrie?

   O JA   O EHER JA   O EHER NEIN   O NEIN

8.1. Wenn JA / EHER JA, warum?

8.2. Wenn NEIN / EHER NEIN, warum?

9. Wird das Modell des Produktlebenszyklus Ihrer Meinung nach bereits heute bei Infineon eingesetzt – egal ob in spezifischer bzw. ähnlicher Form?

   O JA   O NEIN

9.1 Wenn JA, wie ist dieses Modell bei Infineon ausgestaltet?

10. Wie der Name bereits sagt, wird der Lebenszyklus von Produkten untersucht. Wie ist der Begriff „Produkt" bei Infineon definiert?

11. Dhalla/Yuspeh führen in ihrer Arbeit „Forget the Product Life Cycle Concept!" an, dass vor einer Untersuchung des PLZ eine Kategorisierung der zu untersuchenden Produkte nach gewissen Produktmerkmalen erfolgen muss.

    Nach welchen Merkmalen sollte eine Kategorisierung der Produkte von Infineon bei einer Untersuchung des PLZ erfolgen und wieso?
12. Ein weiterer wichtiger Punkt bei der Untersuchung von Produkten der Firma Infineon ist die Frage nach der zu wählenden Produktgranularität. Produkte von Infineon weißen eine Vielzahl von möglichen Granularitätsstufen auf – SalesName, Sales Product Number (SP#), Fertigungsprodukt Nummer (FP# bzw. MA#), PPOS, FPOS, BE-BNr, DC-BNr, etc.

    Welche Granularitätsstufe sollte bei einer Untersuchung von Infineon Produkten gewählt werden und warum?
13. Nach welchen Merkmalen sollte Ihrer Meinung nach die Unterteilung in die einzelnen Phasen des PLZ erfolgen und wieso?
14. Wie lässt sich Ihrer Meinung nach der weitere Verlauf des Produktlebenszyklus von Infineon Produkten am optimalsten prognostizieren und warum?

C Bestandsmanagement

15. Welche Ziele sollte das Bestandsmanagement im Allgemeinen Ihrer Meinung nach verfolgen und warum?
16. Welchen Stellenwert nimmt das Bestandsmanagement Ihrer Meinung nach bei Infineon ein?
17. Anhand welcher KPI's wird das Bestandsmanagement bei Infineon gemessen?
18. Welche Rückschlüsse lassen sich Ihrer Meinung nach generell aus dem PLZ auf das Bestandsmanagement ziehen?
19. Welche Strategien sollten dabei in den einzelnen Phasen verfolgt werden?

    19.1.   In der Einführungsphase:

    19.2.   In der Wachstumsphase?

    19.3.   In der Reife-/Sättigungsphase?

    19.4.   In der Phase des Rückganges?

D Abschluss

20. Welche Themengebiete in Bezug auf den Produktlebenszyklus bzw. das Bestandsmanagement sind Ihrer Meinung nach bei Infineon noch zu untersuchen?
21. Was sie sonst noch mitteilen möchten?

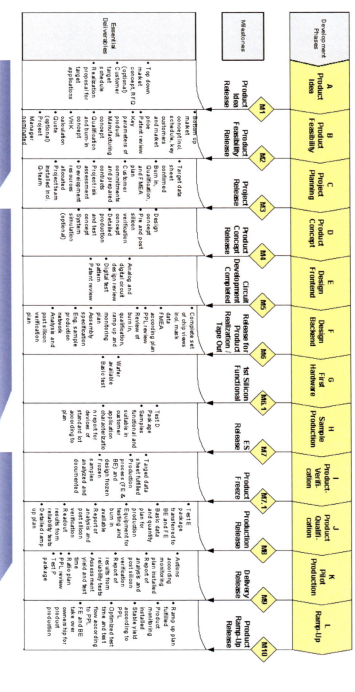

3. Erstellung eines Quantil-Quantil-Plots in Microsoft Office Excel

Die Vorgehensweise bei Erstellung eines Quantil-Quantil-Plots im Programm Microsoft Office Excel sieht folgendermaßen aus. Zunächst werden die Referenzdaten aufsteigend sortiert. Daraufhin ermittelt man das arithmetische Mittel μ der Datenreihe mit der Excel Funktion =MITTELWERT(Zahl 1; Zahl 2; ...; Zahl n) und die Standardabweichung σ mit der Excel Funktion =STABW(Zahl 1; Zahl 2; ...; Zahl n). Nun kann die Normalverteilung für die Datenreihe auf Basis des zuvor ermittelten Mittelwertes und der Standardabweichung berechnet werden. Dafür wird die Excel Funktion =NORMVERT(x; Mittelwert; Standardabweichung; Kumuliert) verwendet, wobei x jener Wert ist, dessen Wahrscheinlichkeit man berechnen möchte, Mittelwert das durch die Funktion =MITTELWERT(...) ermittelte arithmetische Mittel und Standardabweichung der durch die Funktion =STABW(...) ermittelte Wert sind. Kumuliert ist der Wahrheitswert, der den Typ der Funktion bestimmt. Ist Kumuliert mit WAHR belegt, gibt NORMVERT den Wert der Verteilungsfunktion (kumulierte Dichtefunktion) zurück. Ist Kumuliert mit FALSCH belegt, gibt die Funktion den Wert der Dichtefunktion zurück.[126]

Das folgende Beispiel soll die Vorgehensweise nochmals schrittweise praktisch darstellen und veranschaulichen.

- **Input:** Referenzdaten (in diesem Fall Absatzmengen in Stück eines Produktes in zwölf aufeinanderfolgenden Quartalen)

Quartal	Menge
1	50.000
2	95.000
3	176.340
4	199.600
5	283.200
6	317.500
7	312.300
8	293.515
9	233.600
10	196.425
11	88.600
12	37.800

- **Schritt 1:** Referenzdaten aufsteigend sortieren

---

[126] Vgl. Microsoft (2012) [online].

37.800
50.000
88.600
95.000
176.340
196.425
199.600
233.600
283.200
293.515
312.300
317.500

- **Schritt 2:** Ermittlung des arithmetischen Mittels anhand der Funktion =MITTELWERT(Zahl1; Zahl2; ...)

    Mittelwert = 190.323,333333333

- **Schritt 3:** Ermittlung der Standardabweichung anhand der Funktion =STABW(Zahl1; Zahl2; ...)

    Standardabweichung = 102.205,976037993

- **Schritt 4:** Ermittlung der Normalverteilung der aufsteigend sortierten Referenzdaten anhand der Funktion =NORMVERT(x; Mittelwert; Standardabweichung; Kumuliert)

x	Normalverteilung
37.800	0,067808521
50.000	0,084884495
88.600	0,159800599
95.000	0,175498005
176.340	0,445588426
196.425	0,523802597
199.600	0,536160111
233.600	0,664007757
283.200	0,818251162
293.515	0,843667097
312.300	0,883651387
317.500	0,893308601

- **Schritt 5:** Grafische Darstellung der Normalverteilung der Referenzdaten (Y-Achse) auf Basis der Stückzahlen (X-Achse, Bsp. 1) oder der Quartale (X-Achse, Bsp. 2) im Vergleich zur geraden Trendlinie.

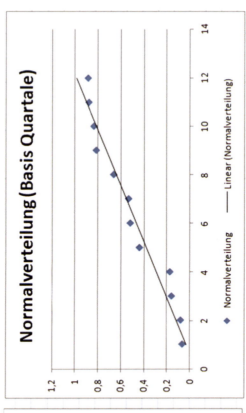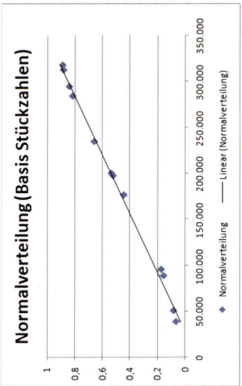

4. Berechnung des Bestimmtheitsmaßes in Microsoft Office Excel

						R²:	0,294996872	0,001712025
			rel. Häufigkeit				angepasste Normalverteilung	
Zeitintervall	x	abs. frequencies	HF-1_30V_Produkt1 (IST)	x*p	(x-µ)²	(x-µ)²*p	HF-1_30V_Produkt1 (SOLL)	HF-1_30V_SOLL
GJ 04/05 Q1	1	10.000	0,001727665	0,001727665	83,82647471	0,144824087	0,012737867	2,38246E-08
GJ 04/05 Q2	2	255.000	0,044055464	0,088110928	66,51511488	2,930354237	0,018844425	4,33803E-08
GJ 04/05 Q3	3	115.000	0,01986815	0,059604451	51,20375505	1,017323904	0,026645191	7,5678E-08
GJ 04/05 Q4	4	645.000	0,111434408	0,445737634	37,89239522	4,222516647	0,036008458	1,2649E-07
GJ 05/06 Q1	5	439.167	0,075873299	0,379366494	26,58103539	2,01679084	0,046509319	2,02559E-07
GJ 05/06 Q2	6	94.167	0,016268848	0,097613086	17,26967556	0,280957722	0,057414978	3,10782E-07
GJ 05/06 Q3	7	40.117	0,006930817	0,04851572	9,958315729	0,069019265	0,067742338	4,56846E-07
GJ 05/06 Q4	8	121.783	0,021040083	0,168320666	4,646955898	0,097772339	0,07639148	6,43419E-07
GJ 06/07 Q1	9	222.500	0,038440552	0,345964966	1,335596067	0,05134105	0,08233404	8,68215E-07
GJ 06/07 Q2	10	1.013.750	0,175142064	1,751420645	0,024236236	0,004244784	0,084813248	1,12246E-06
GJ 06/07 Q3	11	1.017.500	0,175789939	1,933689328	0,712876405	0,1253165	0,083502163	1,39035E-06
GJ 06/07 Q4	12	364.425	0,062960441	0,755525289	3,401516574	0,214160983	0,07857448	1,65E-06
GJ 07/08 Q1	13	213.000	0,03679927	0,478390507	8,090156743	0,297711861	0,070666741	1,8761E-06
GJ 07/08 Q2	14	227.000	0,039218001	0,549052016	14,77879691	0,579594874	0,0607433	2,04379E-06
GJ 07/08 Q3	15	146.000	0,025223913	0,378358689	23,46743708	0,591940582	0,049903552	2,13318E-06
GJ 07/08 Q4	16	187.500	0,032393723	0,518299574	34,15607725	1,106442519	0,039184499	2,13318E-06
GJ 08/09 Q1	17	288.333	0,049814348	0,846843916	46,84471742	2,333539054	0,029406741	2,04379E-06
GJ 08/09 Q2	18	123.333	0,021307871	0,383541685	61,53335759	1,31114487	0,021092558	1,8761E-06
GJ 08/09 Q3	19	72.500	0,012525573	0,237985888	78,22199776	0,979775347	0,01445977	1,65E-06
GJ 08/09 Q4	20	97.500	0,016844736	0,336894723	96,91063793	1,632434127	0,009474216	1,39035E-06
GJ 09/10 Q1	21	53.333	0,009214215	0,193498508	117,5992781	1,083584992	0,005933008	1,12246E-06
GJ 09/10 Q2	22	38.750	0,006694703	0,147283462	140,2879183	0,939185924	0,003551046	8,68215E-07
GJ 09/10 Q3	23	2.500	0,000431916	0,009934075	164,9765584	0,071256067	0,002031363	6,43419E-07
		n		mean		varianz		
		5.788.158		10,15567992		22,10123257		
				R²		std		
				0,294996872		4,701194803		

Zeitintervall: jeweiliges Zeitintervall der betrachteten Zeitreihe

x: aufsteigende Nummerierung der Daten

abs. frequencies: absolute Verkaufsmenge in Stück im jeweiligen Zeitintervall

rel. frequencies: Prozentualer Anteil der Verkaufsmenge im jeweiligen Zeitintervall an der gesamten Verkaufsmenge (= p)

n: Summe der abs. frequencies

mean: Summe der Werte von x*p

varianz: Summe der Werte von (x-µ)²*p

std: Wurzel der Varianz

angepasste NV: NV auf Basis x, mean und std#

R²: Korrelation der relativen Häufigkeiten und der angepassten NV

5. Datenbasis Hauptfamilie-1_Produktfamilie-30V

Verkaufte Stückzahlen je Quartal absolut:

Key	Produkt-1	Produkt-2	Produkt-3	Produkt-4	Produkt-5	Produkt-6	Produkt-7	HF-1_30V_MW
GJ 04/05 Q1	10.000							10.000
GJ 04/05 Q2	255.000	5.000	5.000	190.000	2.500	11.250	150	66.986
GJ 04/05 Q3	115.000	225.150	53.333	857.500	5.000	770.000	3.750	289.962
GJ 04/05 Q4	645.000	244.700	160.500	1.882.500	2.500	1.338.750	8.750	611.814
GJ 05/06 Q1	439.167	200.687	210.167	3.207.500	2.500	1.125.000	50.400	747.917
GJ 05/06 Q2	94.167	398.593	260.400	2.871.667	7.500	1.096.250	48.925	682.500
GJ 05/06 Q3	40.117	316.683	236.875	1.540.017	3.750	721.667	70.050	418.451
GJ 05/06 Q4	121.783	518.350	474.000	1.865.000	12.845	837.500	43.333	553.259
GJ 06/07 Q1	222.500	482.150	1.422.538	140.000	60.000	611.700	78.333	431.032
GJ 06/07 Q2	1.013.750	677.010	399.042	298.333	90.175	833.390	83.333	485.005
GJ 06/07 Q3	1.017.500	716.250	880.070	320.000	58.750	1.456.667	98.333	649.653
GJ 06/07 Q4	364.425	600.000	518.000	552.500	41.250	792.533	158.333	432.435
GJ 07/08 Q1	213.000	532.857	615.053	283.750	52.600	2.059.000	160.000	559.466
GJ 07/08 Q2	227.000	657.143	479.286	215.000	18.750	401.250	225.000	317.633
GJ 07/08 Q3	146.000	646.294	197.500	115.000		743.750	250.000	349.757
GJ 07/08 Q4	187.500	651.429	229.000	52.513	6.600	866.250	264.393	322.526
GJ 08/09 Q1	288.333	483.333	240.000	53.333	17.500	499.167	170.000	250.238
GJ 08/09 Q2	123.333	585.000	185.000	47.500		320.833	171.667	238.889
GJ 08/09 Q3	72.500	399.429	420.000	115.000	19.100	437.500	191.667	236.456
GJ 08/09 Q4	97.500	385.044	199.167	335.000	60.000	867.500	211.667	307.983
GJ 09/10 Q1	53.333	605.000	406.667	137.500	70.000	1.165.000	197.500	376.429
GJ 09/10 Q2	38.750	634.600	239.167	128.000	80.000	377.500	255.000	250.431
GJ 09/10 Q3	2.500	501.750	465.000	170.333	35.000	390.000	381.667	278.036
GJ 09/10 Q4		357.575	198.825	365.000	30.000	1.305.000	278.333	422.456
GJ 10/11 Q1		403.788	376.667	530.000		33.333	182.500	305.258
GJ 10/11 Q2		478.333	148.333	235.000	40.000	32.500	114.167	174.722
GJ 10/11 Q3		610.333	298.333	302.500	45.000	32.500	300.000	264.778
GJ 10/11 Q4		1.549.000	110.000	173.850	15.000	2.500	215.000	344.225
GJ 11/12 Q1		145.000	88.333	427.300	25.000	27.500	58.750	128.647
GJ 11/12 Q2		30.000	10.000				30.000	23.333

6. Datenbasis Hauptfamilie-2_Produktfamilie-30V

Verkaufte Stückzahlen je Quartal in Tausend:

0,0	0,0	0,0	0,0	0,0	0,0	0,0	0,0	0,0	0,0	0,0	0,0	0,0	0,0	0,0	0,0	5,0	0,0	0,0	0,0	0,0	0,0	0,0
0,0	0,0	0,0	0,0	0,0	0,0	0,0	0,0	0,0	0,0	0,0	0,0	0,0	1,5	0,0	1,5	3,0	0,0	0,0	0,0	0,0	0,0	0,0
0,0	0,0	0,0	0,0	0,0	0,0	0,0	0,0	0,0	0,0	0,0	0,0	6,5	0,0	0,0	0,0	0,0	0,0	0,0	0,0	0,0	0,0	0,0
0,0	0,0	0,0	0,0	0,0	0,0	0,0	0,0	0,0	0,0	0,0	0,0	0,0	0,0	0,0	0,0	0,0	0,0	10,0	0,0	0,0	0,0	0,0
0,0	0,0	0,0	0,0	0,0	0,0	0,0	0,0	13,0	0,0	0,0	0,0	0,0	0,0	0,0	0,0	0,0	0,0	0,0	0,0	0,0	0,0	0,0
0,0	0,0	0,0	0,0	0,0	0,0	0,0	0,0	0,0	0,0	0,0	0,0	0,0	0,0	0,0	0,0	0,0	0,0	15,0	0,0	0,0	0,0	0,0
0,0	0,0	0,0	0,0	0,0	0,0	0,0	0,0	0,0	0,0	0,0	0,0	0,0	0,0	0,0	0,0	0,0	0,0	15,0	0,0	0,0	0,0	0,0
0,0	0,0	0,0	0,0	0,0	0,0	0,0	0,0	0,0	0,0	0,0	0,0	0,0	0,0	0,0	0,0	0,0	0,0	20,0	0,0	0,0	0,0	0,0
0,0	0,0	0,0	0,0	0,0	0,0	0,0	0,0	1,5	0,0	0,0	0,0	0,0	1,5	0,0	0,0	0,0	0,0	3,0	10,5	1,5	3,0	0,0
0,0	0,0	0,0	0,0	0,0	0,0	0,0	0,0	0,0	0,0	0,0	0,0	0,0	0,0	0,0	0,0	0,0	0,0	25,0	0,0	0,0	0,0	0,0
0,0	0,0	0,0	0,0	0,0	0,0	0,0	0,0	0,5	4,5	2,0	0,0	11,5	5,0	4,0	0,0	0,0	0,0	0,5	1,0	0,0	0,0	0,0
0,0	0,0	0,0	0,0	0,0	0,0	0,0	0,0	0,0	0,0	0,0	5,0	0,0	0,0	0,0	0,0	0,0	0,0	25,0	0,0	0,0	0,0	0,0
0,0	0,0	0,0	0,0	0,0	0,0	0,0	0,0	33,0	0,0	0,0	0,0	0,0	0,0	0,0	0,0	0,0	0,0	0,0	0,0	0,0	0,0	0,0
0,0	0,0	0,0	0,0	0,0	0,0	0,0	0,0	23,0	0,0	0,0	0,0	0,0	0,0	11,0	0,0	0,0	0,0	0,0	0,0	0,0	0,0	0,0
0,0	0,0	0,0	0,0	0,0	0,0	0,0	0,0	0,0	0,0	0,0	0,0	0,0	0,0	0,0	0,0	0,0	0,0	35,0	0,0	0,0	0,0	0,0
0,0	0,0	0,0	0,0	0,0	0,0	2,5	0,0	0,0	2,5	0,0	0,0	0,0	5,0	0,0	5,0	0,0	10,0	0,0	12,5	10,0	2,5	0,0
0,0	0,0	0,0	0,0	0,0	0,0	0,0	0,0	0,0	5,0	5,0	0,0	0,0	0,0	5,0	0,0	5,0	0,0	20,0	0,0	0,0	10,0	0,0
0,0	0,0	0,0	0,0	0,0	0,0	0,0	0,0	0,0	0,0	21,0	1,5	1,5	0,0	1,5	0,0	1,5	0,0	4,5	0,0	0,0	0,0	0,0
0,0	0,0	0,0	0,0	0,0	0,0	0,0	2,0	25,5	0,0	3,0	0,0	3,0	1,0	0,0	0,0	0,0	0,0	9,0	7,0	0,0	0,0	0,0
0,0	0,0	0,0	0,0	0,0	0,0	0,0	0,0	31,0	0,0	0,0	0,0	0,0	0,0	0,0	0,0	0,0	0,0	0,0	61,8	0,0	0,0	0,0
0,0	0,0	0,0	0,0	0,0	0,0	5,0	0,0	0,0	5,0	2,5	5,0	25,0	15,0	0,0	15,0	2,5	0,0	0,0	0,0	0,0	2,5	0,0
0,0	0,0	0,0	0,0	0,0	0,0	0,0	0,0	0,0	0,0	0,0	0,0	0,0	0,0	0,0	0,0	15,2	20,0	15,0	20,0	0,0	0,0	0,0
0,0	0,0	0,0	1,5	0,0	0,0	0,0	1,5	30,0	0,0	1,5	0,0	1,5	0,0	0,0	0,0	1,5	0,0	1,5	34,5	0,0	0,0	0,0
0,0	0,0	0,0	0,0	0,0	0,0	0,0	0,0	0,0	0,0	0,0	3,0	0,0	0,0	0,0	0,0	0,0	0,0	30,6	0,0	56,0	0,0	0,0
0,0	0,0	0,0	0,0	0,0	0,0	0,0	0,0	0,0	0,0	85,0	0,0	0,0	0,0	0,0	0,0	0,0	0,0	0,0	0,0	25,0	0,0	0,0
0,0	0,0	0,0	0,0	0,0	0,0	0,0	0,0	0,0	0,0	10,0	10,0	10,0	10,0	5,0	5,0	5,0	10,0	50,0	10,0	0,0	10,0	0,0
0,0	0,0	0,0	0,0	0,0	0,0	5,0	0,0	0,0	2,5	0,0	0,0	0,0	5,0	0,0	0,0	0,0	0,0	17,5	60,0	30,0	0,0	7,5
0,0	0,0	0,0	0,0	0,0	0,0	0,0	0,0	51,5	18,0	0,0	0,0	0,0	2,0	0,0	0,0	0,0	0,0	74,5	0,0	0,0	0,0	6,0
0,0	0,0	0,0	0,0	0,0	0,0	0,0	0,0	16,0	5,0	1,0	5,0	0,0	1,0	0,0	5,0	1,0	0,0	3,0	143,0	1,5	0,0	1,0
0,0	0,0	0,0	3,0	0,0	35,0	30,0	12,0	31,0	0,0	0,0	22,0	16,0	0,0	23,0	8,0	0,0	0,0	0,0	7,0	0,0	0,0
0,0	0,0	0,0	0,0	0,0	0,0	0,0	0,0	12,0	0,0	70,5	0,0	1,5	16,5	10,5	75,0	0,0	0,0	0,0	0,0

0,0	0,0	0,0	0,0	9,0	16,0	7,0	12,0	19,0	14,0	7,0	66,0	3,0	13,0	10,0	2,0	6,0	8,0	0,0	0,0	0,0	10,0	0,0	
0,0	0,0	0,0	0,0	0,0	0,0	0,0	0,1	5,0	11,0	24,0	5,0	51,0	47,0	21,0	1,0	16,0	14,0	3,0	2,2	3,0	0,0	0,0	
0,0	0,0	0,0	0,0	0,0	0,0	0,0	0,0	0,0	3,0	22,5	7,5	0,0	0,0	0,0	0,0	0,0	0,0	58,5	117,0	0,0	0,0	0,0	
0,0	0,0	0,0	0,0	1,0	9,5	1,0	0,0	5,0	11,5	9,5	32,0	9,5	31,5	18,5	0,0	30,5	25,5	2,0	9,0	2,5	0,0	0,0	
0,0	0,0	0,0	0,0	0,0	1,5	0,0	15,5	5,0	0,0	0,0	49,5	1,6	7,5	114,0	22,0	0,0	15,0	10,5	33,0	9,0	0,0	0,0	
0,0	0,0	0,0	0,0	0,0	0,0	0,0	0,0	1,5	0,0	0,0	0,0	0,0	5,0	2,5	0,0	0,0	0,0	5,0	5,0	67,5	87,5	85,0	
0,0	0,0	0,0	0,0	0,0	0,0	0,0	0,0	0,0	0,0	0,0	0,0	0,0	0,0	0,0	5,0	20,7	0,0	0,0	0,0	0,0	83,1	0,0	
0,0	0,0	0,0	0,0	0,0	0,0	0,0	0,0	0,0	0,0	0,0	0,0	0,0	0,0	0,0	166,2	0,0	0,0	0,0	0,0	17,7	110,0	0,0	
0,0	0,0	0,0	0,5	0,0	0,0	0,0	0,0	0,0	0,0	1,0	0,0	0,0	0,0	10,0	151,5	0,0	5,0	0,0	10,0	205,8	0,0	0,0	
0,0	0,0	0,0	0,0	0,0	0,0	0,0	0,0	8,0	0,5	0,0	2,0	9,5	19,0	60,0	5,2	6,0	36,0	25,5	79,0	21,5	0,0	12,0	
0,0	0,0	0,0	0,0	0,0	0,0	1,5	0,0	0,0	1,5	14,1	21,7	53,6	34,1	35,0	40,6	32,0	51,4	21,0	51,0	4,5	18,0	49,0	
0,0	0,0	0,0	0,0	0,0	0,0	0,0	0,0	5,0	0,0	0,0	61,0	3,0	0,5	36,3	36,7	32,6	8,5	30,5	49,0	101,5	79,0	0,0	
0,0	0,0	0,0	0,0	0,0	0,0	0,0	0,0	0,0	0,0	0,0	0,0	5,0	0,0	8,5	7,1	1,0	12,5	17,5	85,0	215,0	40,0	5,0	
0,0	0,0	0,0	0,0	0,0	0,0	0,0	0,0	0,0	0,0	0,0	0,0	0,0	0,0	2,5	5,0	20,0	-50,0	0,0	0,0	-25,0	-10,0	0,0	
0,0	0,0	0,0	0,0	0,0	0,0	0,0	0,0	0,0	0,0	0,0	0,0	0,0	0,0	245,0	315,0	5,0	12,5	275,0	52,5	72,5	45,0	5,0	
0,0	0,0	0,0	0,0	0,0	0,0	7,5	5,0	-2,5	2,5	41,3	32,5	170,0	117,5	10,0	20,0	2,5	10,0	5,0	52,5	72,5	27,5	5,0	
0,0	0,0	0,0	0,5	0,0	0,0	0,0	0,0	0,0	0,0	0,0	113,0	78,0	12,0	57,5	7,5	34,5	10,0	52,0	71,0	59,5	17,5	6,0	
0,0	0,0	0,0	0,0	5,0	15,3	20,0	5,0	-5,0	0,0	25,0	160,0	50,0	65,0	30,0	34,0	5,0	96,0	40,0	50,0	60,0	10,0	0,0	
0,0	0,0	0,0	0,0	0,0	0,1	1,0	1,0	30,0	26,1	29,0	34,0	27,0	37,4	135,0	5,0	71,0	35,5	160,0	37,0	33,0	23,0	61,0	
0,0	0,0	0,0	0,0	0,0	10,0	15,0	5,0	-5,0	0,0	0,0	60,0	0,0	0,0	29,0	54,0	55,0	54,2	10,0	140,0	155,0	70,0	175,0	
0,0	0,0	0,0	0,0	0,0	10,0	0,0	0,0	0,0	0,0	0,0	0,0	5,0	27,5	10,0	40,0	42,5	65,0	62,5	87,5	287,5	132,5	22,5	
0,0	0,0	0,0	0,0	0,0	5,0	0,0	0,0	0,0	0,0	0,0	11,0	1,0	0,0	55,0	15,0	15,0	67,5	75,0	200,0	130,0	250,0	130,0	
0,0	0,0	0,0	0,0	0,0	0,0	0,0	0,0	0,0	0,0	20,0	0,0	2,5	0,0	0,0	0,0	192,5	35,3	10,0	2,5	52,5	122,5	115,0	
0,0	0,0	0,0	0,0	0,2	0,1	35,1	0,0	5,0	30,0	0,0	0,0	0,0	20,0	127,5	112,5	45,0	152,5	210,0	105,0	90,0	85,0	35,0	
0,0	0,0	0,0	0,0	0,0	10,0	25,0	10,0	10,0	1,0	10,0	140,0	50,1	30,0	95,0	90,0	40,0	50,0	70,0	120,4	105,0	15,4	5,0	
0,0	0,0	0,0	0,0	0,0	10,0	0,0	10,0	0,0	0,0	0,0	496,3	15,0	12,5	65,0	70,0	72,5	25,0	127,5	57,5	280,0	270,0	5,0	
0,0	0,0	0,0	0,0	0,0	59,5	0,5	1,0	4,5	5,5	43,0	0,0	55,5	23,0	312,8	316,7	59,0	60,2	3,5	110,5	71,5	148,0	39,0	
0,0	0,0	0,0	0,0	1,0	0,0	0,0	0,0	0,0	0,0	0,0	23,0	0,6	0,0	20,0	75,0	145,0	5,0	200,1	380,0	135,0	120,3	50,0	
0,0	0,0	0,0	0,0	0,0	5,0	20,1	10,0	-5,0	0,0	0,0	5,0	1,0	30,0	90,0	200,0	265,0	215,1	55,0	185,0	205,2	184,0	76,0	
0,0	0,0	0,0	0,0	0,0	0,0	0,0	0,0	0,0	0,0	0,2	11,0	15,1	10,2	90,4	80,1	110,1	50,0	150,3	235,6	210,0	345,0	70,0	
0,0	0,0	6,0	0,0	0,0	0,0	0,0	0,0	0,0	0,0	0,0	5,2	81,0	79,5	0,0	240,0	342,0	291,0	360,0	51,0	0,0	0,0	0,0	
0,0	0,0	0,0	0,0	0,0	0,0	0,0	0,0	5,0	1,0	0,0	6,0	25,0	5,0	120,0	60,0	170,0	90,0	775,0	45,0	195,0	55,0	15,0	
0,0	0,0	0,0	0,0	0,0	0,0	0,0	0,0	10,0	0,0	0,0	0,0	0,0	5,0	80,0	235,0	705,0	515,0	10,0	0,0	0,0	-15,0	55,0	
0,0	0,0	0,0	0,0	0,0	0,0	0,0	0,0	0,0	0,0	0,0	0,0	0,0	490,0	585,0	250,0	135,0	0,0	195,0	0,0	0,0	-195,0	0,0	
0,0	0,0	0,0	0,0	0,0	0,0	0,0	0,0	0,0	10,0	0,0	190,0	525,0	5,0	20,0	15,5	225,0	380,0	650,0	480,0	185,0	185,0	180,0	
0,0	0,0	0,0	0,0	0,0	6,0	5,0	20,0	10,0	0,0	50,0	65,0	15,0	190,8	200,1	155,3	116,9	200,1	385,3	335,0	495,6	90,0	40,0	
0,0	0,0	0,0	0,0	0,1	0,0	10,0	20,0	15,0	30,3	5,5	261,2	146,0	40,1	75,0	75,2	60,3	225,0	240,0	740,0	220,0	295,0	165,0	
0,0	0,0	0,5	0,5	0,0	0,1	0,5	0,0	0,0	1,0	8,5	23,6	7,0	161,5	204,5	338,5	570,0	343,0	164,5	453,5	380,0	187,5	9,5	

121

0,0	0,0	0,0	0,0	0,0	15,0	20,0	20,0	835,0	495,2	220,1	410,0	330,0	350,0	105,0	25,0	57,2	0,0	45,0	85,0	30,0	0,0	0,0
0,0	0,0	0,0	0,0	0,0	0,0	0,0	0,0	0,0	10,0	0,0	0,0	0,0	230,0	965,2	520,0	405,0	355,0	695,0	0,0	0,0	0,0	0,0
0,0	0,0	0,0	0,0	0,0	0,0	0,0	0,0	6,1	20,2	53,3	62,1	37,1	97,2	33,0	117,9	375,3	411,0	444,1	521,3	558,1	716,0	114,0
2,5	0,0	0,0	0,0	0,0	12,6	45,0	0,4	45,0	50,0	50,3	62,5	155,0	180,0	240,0	370,1	140,0	180,0	277,5	407,9	462,5	657,5	195,0
0,0	0,0	0,0	0,0	0,0	10,2	20,0	70,0	-5,0	50,0	0,2	305,4	305,0	605,0	400,0	220,1	240,5	310,0	470,0	120,0	270,4	190,0	135,0
0,0	0,0	0,0	0,0	0,0	10,2	25,1	5,0	5,0	0,0	0,0	65,0	75,2	70,0	115,0	295,0	500,0	635,0	335,0	355,0	375,0	515,4	280,0
0,0	0,0	10,0	0,0	0,0	0,2	20,0	5,0	5,0	5,0	0,0	167,0	335,2	690,0	535,6	425,0	160,0	370,0	85,0	255,0	265,0	200,0	130,0
0,0	0,0	5,0	0,3	0,0	15,0	15,4	85,2	310,1	20,9	90,0	191,0	90,6	125,0	100,0	220,0	225,4	75,0	210,0	390,0	300,0	335,0	95,0
0,0	0,0	0,0	0,0	0,0	0,0	0,0	0,0	0,0	1.135,0	45,5	65,6	65,2	130,8	176,0	571,3	755,2	245,0	630,3	510,2	294,0	374,0	91,2
0,0	0,0	0,0	0,0	0,0	0,0	0,0	0,0	0,0	21,0	5,0	5,0	30,0	370,0	755,0	740,0	635,0	970,0	445,0	10,0	10,0	0,0	0,0
0,0	0,0	0,0	0,0	0,0	0,0	0,0	0,0	0,0	15,0	5,0	7,5	57,5	202,5	510,0	410,0	1.092,5	752,5	400,0	117,5	220,0	222,5	42,5
0,0	0,0	0,0	0,0	0,0	0,0	0,0	0,0	0,0	10,0	5,0	1,8	60,0	260,0	350,0	750,0	530,0	385,0	425,0	895,0	310,0	545,0	180,0
0,0	0,0	0,0	0,0	0,0	0,0	0,0	0,0	0,0	0,0	40,4	125,0	225,0	240,0	185,2	325,6	430,1	290,0	185,0	260,0	110,1	180,0	75,0
0,0	0,0	0,0	0,0	0,0	0,0	0,0	490,1	740,0	280,0	0,0	0,0	15,0	365,0	600,0	645,0	955,0	1.305,0	1.710,0	740,0	1.870,0	985,0	160,0
0,0	0,0	0,0	0,0	0,0	71,0	500,6	0,0	0,0	10,0	0,0	0,0	10,0	253,8	50,0	485,0	445,0	275,0	940,0	1.310,0	1.870,0	825,0	240,0
0,0	0,0	0,0	0,0	0,0	0,0	0,0	0,0	0,0	0,0	0,0	0,0	5,0	275,0	20,0	645,0	370,0	200,0	765,0	1.330,0	165,0	265,0	690,0
0,0	0,0	0,0	0,0	5,0	5,0	135,0	80,0	1.045,2	1.205,0	0,5	341,0	1.610,0	745,0	535,0	581,5	120,2	195,5	165,0	245,0	1.860,0	725,5	45,0
0,0	0,0	0,0	0,0	0,0	20,0	45,0	5,0	145,0	155,0	5,0	215,0	20,0	55,0	60,0	70,0	80,0	276,3	1.820,0	1.790,2	1.995,0	332,9	325,0
0,0	0,0	0,0	0,0	0,0	10,0	15,0	5,0	0,0	0,0	0,0	50,0	12,3	90,0	285,0	635,0	835,0	470,0	920,0	1.820,0	1.820,0	75,4	400,0
0,0	0,0	0,0	0,0	5,0	5,0	45,0	165,0	1.230,0	55,0	335,0	395,0	805,0	1.100,5	720,0	650,4	596,3	575,0	455,0	355,0	270,0	90,0	75,0
0,0	0,0	0,0	0,0	0,0	7,4	30,0	630,0	-363,0	85,0	25,4	3.120,0	2.030,0	830,0	425,0	170,2	125,0	285,0	250,0	190,0	55,0	171,0	50,0
0,0	0,0	0,0	0,1	0,0	0,0	0,0	0,0	0,0	0,0	0,0	5,1	55,0	945,1	2.545,2	1.445,1	1.235,0	646,6	550,0	835,0	900,2	0,0	185,0
0,0	0,0	0,0	0,0	0,0	0,0	0,0	0,0	0,0	10,0	0,0	5,0	50,0	290,0	290,2	1.885,0	4.145,0	2.560,0	180,0	160,0	0,0	0,0	0,0
0,0	0,0	0,0	0,0	10,1	0,0	15,0	5,0	-5,0	0,0	0,0	100,0	10,0	70,0	190,0	620,0	1.056,0	1.796,0	2.100,3	1.400,0	890,0	1.295,4	530,0
0,3	10,5	50,1	350,7	301,5	838,1	685,0	702,4	671,1	45,0	245,0	265,0	630,0	565,0	800,3	480,3	1.170,3	705,3	1.063,3	560,1	760,0	315,5
0,0	0,0	0,0	0,0	0,0	5,0	0,0	15,0	10,0	15,0	1.005,0	190,0	618,0	665,0	890,0	1.466,3	1.525,0	1.900,0	1.310,0	645,0	695,0	450,0
0,0	0,0	20,0	0,0	145,0	325,0	565,0	1.540,0	236,0	80,6	716,9	395,2	770,0	530,0	280,8	655,0	1.285,0	1.645,0	1.190,6	670,0	755,0	320,0
0,0	0,0	0,0	5,0	5,0	130,0	135,0	1.259,5	75,0	230,0	545,0	505,0	330,0	270,0	256,0	690,2	1.830,0	2.275,2	1.815,0	1.210,0	1.640,2	1.110,0
0,0	0,0	0,0	0,0	0,0	0,0	0,0	0,0	20,0	30,0	5,8	85,0	470,0	1.605,0	1.590,0	1.030,5	2.901,0	2.760,0	105,0	465,0	65,0	10,0
0,0	0,0	0,0	0,0	5,1	15,0	15,0	0,0	0,0	5,0	120,0	410,4	200,1	632,0	1.410,0	2.920,2	3.515,0	2.410,2	1.275,0	155,0	320,0	65,0
0,0	0,0	0,0	0,0	10,0	15,0	20,0	290,0	0,0	140,3	410,2	415,0	113,0	585,0	3.240,0	6.005,4	1.645,3	655,0	75,0	60,0	5,0
0,0	0,0	40,0	85,0	142,5	265,0	385,0	492,5	375,0	340,0	227,5	400,0	320,0	985,0	6.685,0	2.210,0	285,0	305,0	265,0	340,0	232,5	55,0
0,0	0,0	0,0	0,0	20,5	0,4	95,0	0,0	270,0	85,0	95,0	1.155,0	1.113,0	890,4	0,0	25,3	40,4	605,0	1.935,0	2.175,0	9.015,0	1.245,0
0,0	0,0	0,0	0,0	0,0	4,5	4,5	1,5	12,0	116,6	795,3	666,4	2.460,5	1.718,9	2.980,0	5.805,0	2.230,3	735,4	80,0	55,0	-85,0	0,0
0,0	0,0	0,0	5,1	10,4	35,0	770,0	1.017,0	455,0	170,0	4.200,3	2.965,0	3.040,0	1.805,3	443,7	1.011,2	1.885,1	1.504,9	2.294,1	1.726,6	1.583,6	813,0
0,0	0,0	20,0	115,7	1.335,0	1.185,0	1.040,0	1.140,0	555,8	16,0	760,6	630,9	1.302,0	1.720,0	985,0	846,8	1.210,0	1.175,0	1.760,0	270,0	135,4	45,0
0,0	0,0	0,0	0,0	15,1	20,1	10,2	0,0	10,0	70,0	1.030,0	770,0	1.526,2	2.185,7	2.970,0	3.975,3	2.470,5	1.795,0	820,0	360,0	545,0	140,0
0,0	0,0	0,0	0,0	0,0	0,0	10,2	0,0	0,0	70,0	2.570,0	2.840,0	635,0	2.065,0	3.130,0	3.630,1	1.615,1	935,0

0,0	6,0	100,5	429,0	846,0	570,0	0,0	882,0	586,5	0,0	178,5	1.351,5	843,0	1.803,0	1.743,0	2.601,0	2.466,0	1.675,5	2.211,0	2.329,5	1.894,5	808,5
0,0	0,0	0,0	250,1	1.620,5	2.560,9	2.275,0	2.600,0	1.159,3	1.165,0	1.130,0	1.730,0	560,0	495,0	2.250,0	1.485,0	2.190,0	1.535,0	690,0	490,0	390,0	215,0
12,7	70,7	55,1	555,5	1.450,1	2.895,5	1.870,0	1.980,5	926,9	745,4	1.645,0	685,9	1.567,0	1.375,2	1.970,4	1.625,6	3.201,7	2.635,0	3.355,0	1.905,0	1.345,0	310,0
0,0	0,0	25,0	250,1	510,3	1.470,4	945,7	572,7	530,0	200,0	1.250,0	2.605,0	3.695,4	3.625,4	3.005,0	3.555,0	3.755,4	3.920,0	2.075,0	635,0	756,6	355,0
0,0	0,0	35,0	290,1	1.935,0	3.400,0	3.215,0	3.982,2	3.200,0	1.185,0	1.355,0	1.686,0	2.410,0	2.330,0	1.870,0	1.545,3	2.465,0	2.695,0	2.875,0	705,0	730,0	330,0
0,0	0,0	10,4	1.045,9	2.472,5	3.335,0	2.637,5	3.055,0	1.217,5	492,5	310,0	2.292,5	2.555,0	3.527,5	3.500,0	5.837,5	1.822,9	742,5	650,0	1.215,3	1.400,0	470,0
0,0	0,0	80,0	215,9	1.590,0	2.325,0	6.246,0	1.300,0	75,9	301,5	4.901,0	1.650,0	465,0	1.810,0	2.155,5	2.540,3	3.550,0	3.520,0	2.115,6	2.267,0	3.041,0	1.072,0
12,5	55,0	492,5	545,0	495,0	587,8	520,0	4.730,0	14.442,5	818,0	905,0	2.688,3	1.982,5	2.217,5	1.180,0	3.625,0	4.460,3	2.422,7	1.255,0	535,0	395,0	450,0
1,5	15,0	1.825,5	3.001,5	0,0	1,5	451,5	1.740,0	1.564,5	1.255,5	3.618,6	6.492,9	4.941,0	4.975,5	3.921,0	2.644,5	1.218,0	700,5	2.721,0	2.790,0	1.093,5	162,0
0,0	0,0	0,0	0,0	0,0	0,0	0,0	0,0	0,0	0,0	0,0	20,0	150,0	245,0	365,0	745,0	1.430,8	6.960,0	19.940,0	19.240,0	11.436,8	1.885,0
0,0	0,0	0,0	0,0	21,6	195,0	20,0	745,0	4.045,5	1.085,0	3.575,3	4.195,2	3.805,0	5.300,0	4.725,0	3.785,3	5.145,0	8.265,3	8.740,4	7.136,5	6.620,8	2.175,0
1,5	15,0	1.204,5	4.864,5	2.170,5	2.893,5	8.535,0	9.868,5	3.226,5	4.213,1	3.977,8	2.471,0	6.291,3	6.007,9	8.059,9	6.225,0	5.577,5	5.491,5	9.702,0	7.318,5	9.138,0	3.930,0
0,0	0,0	0,0	0,0	0,0	0,0	0,0	0,0	0,0	10,0	55,0	380,0	2.310,0	4.195,3	6.780,0	5.955,0	6.945,0	14.255,0	30.240,0	29.695,0	10.827,0	805,0
0,0	35,0	160,0	146,1	1.111,7	3.886,1	3.490,6	1.803,1	1.796,1	1.356,8	4.641,0	6.250,0	8.210,2	10.005,5	10.781,1	9.395,8	12.270,5	11.390,1	11.588,5	7.591,0	8.603,3	2.256,5
0,0	0,0	0,0	157,7	137,5	485,0	4.345,0	5.150,0	8.127,5	5.037,6	7.355,0	12.530,0	9.527,5	9.067,5	8.610,0	14.524,2	20.155,1	10.743,2	10.121,7	10.581,0	16.922,5	3.757,5
15,0	365,0	2.590,0	7.905,0	14.492,5	20.347,6	30.360,0	29.710,0	14.897,5	16.761,0	29.051,5	27.599,0	19.795,0	19.697,5	11.178,6	11.215,6	5.458,9	4.062,2	7.651,3	1.014,1	1.577,5	187,5
10,0	235,0	1.620,0	5.100,0	11.450,0	15.492,5	14.895,0	35.497,5	17.088,0	22.565,4	36.475,0	40.052,5	34.482,5	28.197,5	18.244,2	26.831,4	29.774,4	29.307,5	23.110,0	1.572,5	5.667,5	3.567,5
0,5	837,2	8.335,4	25.368,8	42.618,0	64.465,7	85.241,3	14.459,9	79.311,9	59.777,8	19.877,3	31.412,6	28.270,5	33.193,1	32.707,0	54.725,2	48.731,2	48.741,6	74.017,9	26.930,1	10.893,3	33.740,2

7. Datenbasis Hauptfamilie-3_Produktfamilie-25/30V

Verkaufte Stückzahlen je Quartal absolut:

Sales Name	2009/10 Q3	2009/10 Q4	2010/11 Q1	2010/11 Q2	2010/11 Q3	2010/11 Q4	2011/12 Q1	2011/12 Q2
P1	0	0	0	0	0	0	0	0
P2	0	0	0	0	5.000	100	5.000	5.000
P3	0	0	0	35.000	141.555	785.000	520.000	155.000
P4	0	0	0	0	0	6.190	10.000	25.000
P5	174.980	320.000	640.100	626.057	1.147.836	1.493.788	633.851	310.600
P6	0	0	0	0	50.000	60.690	1.285.874	290.000
P7	0	0	5.000	235.300	960.639	125.200	886.500	330.100
P8	0	0	0	0	0	0	0	0
P9	0	0	0	0	0	0	0	5.000
P10	0	0	0	0	0	175.000	30.090	1.300
P11	0	3.100	135.100	150.000	845.100	450.000	265.000	135.000
P12	0	0	0	0	5.000	260.000	225.000	335.000
P13	0	0	35.000	105.000	200.000	225.000	835.000	50.000
P14	0	0	0	0	0	0	6.050	15.000
P15	0	5.500	270.400	491.412	565.710	613.318	1.088.183	310.500
P16	0	0	0	5.000	10.000	0	30.000	0
P17	0	0	20.000	135.000	-34.990	35.000	45.000	50.000
P18	0	0	0	0	0	0	0	35.000
P19	0	0	15.000	60.000	270.000	70.000	355.000	315.000
P20	0	0	0	0	0	30.000	0	0
P21	0	0	0	290.000	175.000	200.000	131.800	122.000
P22	0	0	0	0	15.000	170.000	5.500.000	8.045.000
P23	0	0	0	0	0	0	0	0
P24	0	0	0	0	0	0	0	0
P25	0	0	0	0	0	0	0	0
P26	0	0	0	0	0	0	0	0
P27	0	0	0	0	0	0	0	0
P28	0	0	0	48.970	105.000	645.000	975.425	445.000
P29	0	0	0	0	0	0	0	0
P30	0	0	0	0	0	0	0	0
P31	0	0	0	0	0	0	0	0
P32	0	0	0	0	0	0	0	0
P33	0	0	0	0	0	5.000	0	100
P34	0	0	0	0	0	0	0	0
P35	0	0	0	5.000	25.000	0	10.460	20.000
P36	0	0	0	100.000	245.500	505.500	5.000	350.000
P37	0	0	0	43.272	185.150	525.000	360.000	610.000
P38	0	0	0	5.000	200.010	110.300	110.000	5.000
P39	0	0	0	0	25.000	0	15.000	0
P40	0	0	0	0	40.000	0	95.600	0
P41	0	0	0	130.000	655.000	70.000	140.000	60.000
P42	0	0	0	0	15.000	0	0	0
P43	0	0	0	0	20.000	5.000	0	0
P44	0	0	0	0	0	0	64.850	20.000
P45	0	0	0	0	0	0	25.200	56.500
MW	3.888	7.302	24.902	54.778	130.478	145.891	303.420	268.913